美国小学
体育与健康教学指导

[美] 雷塔·R. 埃文斯（Retta R. Evans） 桑德拉·K. 西姆斯（Sandra K. Sims）著

王亚丽 张志武 仲伟俭 译

人民邮电出版社

北 京

图书在版编目（CIP）数据

美国小学体育与健康教学指导 /（美）雷塔·R. 埃文斯（Retta R. Evans），（美）桑德拉·K. 西姆斯（Sandra K. Sims）著；王亚丽，张志武，仲伟俊译. —北京：人民邮电出版社，2021.2
ISBN 978-7-115-54663-0

Ⅰ. ①美… Ⅱ. ①雷… ②桑… ③王… ④张… ⑤仲… Ⅲ. ①体育课－教学研究－小学②健康教育－教学研究－小学 Ⅳ. ①G623.82

中国版本图书馆CIP数据核字(2021)第001630号

免责声明

本书内容旨在为大众提供有用的信息。所有材料（包括文本、图形和图像）仅供参考，不能用于对特定疾病或症状的医疗诊断、建议或治疗。所有读者在针对任何一般性或特定的健康问题开始某项锻炼之前，均应向专业的医疗保健机构或医生进行咨询。作者和出版商都已尽可能确保本书技术上的准确性以及合理性，且并不特别推崇任何治疗方法、方案、建议或本书中的其他信息，并特别声明，不会承担由于使用本出版物中的材料而遭受的任何损伤所直接或间接产生的与个人或团体相关的一切责任、损失或风险。

内 容 提 要

本书是美国小学体育与健康教学指导书，专门为负责小学体育教育和健康教育的教师以及就读小学教育专业的本科学生编写。全书分为2个部分，共10章，详细讲解了体育教育和健康教育课程的重要作用以及如何将二者与课堂教学相结合。书中所有的内容均与美国《国家健康教育标准》《K-12体育教育国家标准》和《共同核心州立标准》相关，体育教师无须专业培训就能掌握其中的基本知识和技能。书中阐释的综合教学法有助于体育教师将体育教育和健康教育融入体育教学中，形成更健康、有活力的课堂，有助于小学生更好地习得运动技能，获得身心的健康发展。

◆ 著　　[美]雷塔·R. 埃文斯（Retta R. Evans）
　　　　　桑德拉·K. 西姆斯（Sandra K. Sims）
　　译　　王亚丽　张志武　仲伟俊
　　责任编辑　寇佳音
　　责任印制　周昇亮

◆ 人民邮电出版社出版发行　　北京市丰台区成寿寺路 11 号
　　邮编　100164　电子邮件　315@ptpress.com.cn
　　网址　https://www.ptpress.com.cn
　　天津翔远印刷有限公司印刷

◆ 开本：700×1000　1/16
　　印张：13.75　　　　　　　2021 年 2 月第 1 版
　　字数：292 千字　　　　　2021 年 2 月天津第 1 次印刷
　　著作权合同登记号　图字：01-2017-2573 号

定价：128.00 元
读者服务热线：(010)81055296　印装质量热线：(010)81055316
反盗版热线：(010)81055315
广告经营许可证：京东市监广登字 20170147 号

目　录

第1部分　健康教育和体育教育课程的重要作用

第1章　健康的体质，健康的思想　3

第2章　协调学校健康：一个团队的方法　19

美国健康与体育教育者学会按语

想象一下，如果有一天，你曾经教过的或者即将成为你的学生的每个孩子，他们在走出你的课堂时，不仅掌握了解决中学及更高阶段的学术问题的基础知识和技能，还拥有了终身从事体育活动的能力和愿望。

这样的世界是我们——美国健康与体育教育者学会（SHAPE America）的美好愿景。美国健康与体育教育者学会是主导健康教育和体育教育的专业机构。让每个走出校门的孩子都具备相应的技能、知识，拥有足够的自信，让每个孩子都有享受健康、活力生活的愿望和机会，是我们的美好愿景。

美国健康与体育教育者学会倡导已获得州认证或州执照的教师进行健康教育和体育教育工作。不过，我们同时认识到，小学任课教师因为工作需要，经常要教授自己专业以外的课程。我们也知道小学任课教师很在乎自己的教学成果和学生的健康，他们在学生的发育和常用的学生教学方法方面接受过全面的培训。这就是美国健康与体育教育者学会选择携手这些杰出的作者和出版商把这本书带给在职或将入职的小学任课教师的原因，这本书为小学任课教师提供了将日常教学与健康教育和体育教育相融合的绝佳工具。书中基于技能方面的内容与美国《国家健康教育标准》、美国《K–12体育教育国家标准》以及美国《共同核心州立标准》相关。

我们希望本书可以帮助小学任课教师培养出身体健康、在体育运动方面训练有素的学生，希望小学任课教师能够成为健康教育和体育教育的倡导者。一旦有一天工作要求他们将健康教育和体育教育融入每天的课程中，他们可以满怀信心地为学生提供更好的指导，向他们传授更多的经验。

——E. 保罗·罗伯特（E. Paul Robert）
美国健康与体育教育者学会CEO

到2029年培养出5000万名身体强健的青少年

目前美国中小学（幼儿园至12年级）约有5000万名学生。为了确保这些学生在高中毕业时都具备进行健康、有意义的体育活动所需的技能、知识和自信，美国健康与体育教育者学会正发挥着主导作用。

前　言

随着全美学校预算紧缩，小学任课教师开始肩负教授自己专业以外的学科的任务。对于未经专业培训的教师来说，进行健康教育和体育教育看起来似乎困难重重，让人望而却步，所以有些教师可能会有各方面的担心。例如：教师可能会觉得自己不怎么好动，因此不适合进行体育教育；或者觉得自己喜欢吃垃圾食品，因此没有涉足健康教育领域的资格。虽然教师能掌握健康教育和体育教育方面的专业知识的情况最为理想，不过非专业人士为小学生提供优质的健康教育和体育教育也是完全有可能的。事实上，小学任课教师同时进行健康教育和体育教育的这一做法有助于学生的身心健康成长。

对于课堂教师而言，进行健康教育和体育教育就像翻越一座难以攀登的大山，他们可能会觉得每天没有足够的教学时间来满足高水平的学术要求。想到标准化测验分数，以及每年需要提交给学校行政人员、学生父母的进度报告，教师可能会觉得压力太大而不堪重负。在这种情况下，作为一名教师，应该怎么做呢？

阅读本书可以让课堂教师无须经过专业训练就掌握教授健康教育和体育教育课程所需的基本知识和技巧。本书专门为小学教育专业的本科生和负责教授健康教育和体育教育课程的在职小学教师编写，以教学技巧为基础，其编排意在为读者提供足够多的机会去实践书中所阐述的概念，是一本关于小学课堂教师教授健康教育和体育教育课程的极具特色的教科书。书中所有内容均与美国

《国家健康教育标准》（美国健康与体育教育者学会）、《K-12体育教育国家标准》以及美国《共同核心州立标准》相关。最重要的是，本书阐述的各种教学方法重点介绍了将健康教育和体育教育融入现有的学术课程中的切实可行的方法。

通过学习本书介绍的基本知识和提出的策略，读者能够巧妙地教授健康教育和体育教育相关的科目，找到把健康教育和体育教育融入教学工作的方法。学习本书后，小学教师可能会开始关注与学生身心健康相关的各方面的问题。例如，学生是不是每天都在充满汽车尾气的地方等校车？门廊的饮水处是否干净，饮水机是否正常工作？学生是不是精力充沛、注意力集中、随时都能进入学习状态？通过为学生营造一个健康的学校环境，小学教师可以把学生的学习成绩提高到一个新高度；可以在确保学生的学术成绩符合美国州和国家标准的同时，掌握使健康教育和体育教育与核心学业科目无缝结合的方法；还可以和自己的同事、学校行政人员以及学生的父母分享倡导学生健康教育而获得的巨大回报。

特点

本书提供了很多实践小贴士、包含创新性策略的表格以及其他关于如何将健康教育、体育教育及体育活动融入教学工作中的资料。每一章都包含以下内容。

- 目标。
- 小结。

- 复习题。

每一章还涉及一些重要术语，在本书后面有术语表介绍术语及其定义。引用的参考文献和提供更多信息的、有价值的资源分别列于本书的参考文献和资源部分。

第7章、第8章和第9章有实验部分。这些实验是为帮助读者理解如何将各种融合方法付诸实践而设计的。这些实验对读者的学习而言非常关键，因为它们将书本知识转化成了可以在校园里实际运用的实操方法。

组织方式

本书共分为2个主要部分，每个部分都涉及将健康教育和体育教育与小学课程的不同方面融合的办法。

第1部分重点介绍了掌握健康教育和体育教育基础知识必须了解的重要背景概念。第1章概述了现代学生常见的健康风险行为，描述了导致不同学生群体的健康素质不同的健康行为差异，并描述了课堂教师在学生的健康教育中发挥积极作用的重要性。第2章重点讲述了协同学校健康教育的方法，阐述了学业成绩和健康行为之间的关系，并解释了在美国健康教育的意义重大的原因。第3章阐明了学生生长和发育与健康之间的关系，介绍了可以用来改变学生健康行为的理论，并对学校的健康教育进行了综述。第4章阐释了在小学倡导体育教育和体育活动的必要性，介绍了体育活动的诸多益处和高质量的体育教育课程的特点。

第2部分重点讲述了将健康教育、体育教育和体育活动融入课程表和每日教学活动的方法。第5章讲述了课堂教师如何营造健康和有活力的校园环境，同时提出了与学生父母、学校行政人员和社区共同倡导健康教育和体育教育的理念。第6章指出了可促进日常课堂健康教育的一系列行为，还讨论了很多重要话题，包括校园暴力和欺凌以及学生被虐待和忽视等。第7章介绍了将体育活动融入课堂教学的方法，重点讲述了将活动休息、随音乐起舞和运动融入学业课程中的方法。第8章概述了如何在学术课程中体现美国《国家健康教育标准》设定的目标，并描述了《共同核心州立标准》的运用方法。第9章的结构和第8章类似，但此章的重点在体育教育而不是健康教育上，详细阐述了将美国《K–12体育教育国家标准》融入学术课程的方法。同时，与第8章一样，第9章也讨论了《共同核心州立标准》并展示了实验。第10章总结了在课堂内进行健康教育和体育教育的实操方法，还介绍了教学方法、评估工具及评估策略。

致 谢

出版一本教科书需要投入很多努力，付出很多时间和精力，而作者的撰写仅仅是最终图书得以成形和面世的其中一部分工作。在此衷心感谢在本书从撰写到出版的过程中家人和朋友的支持、引导和耐心。同时还要感谢以下人员的辛勤工作和努力，没有他们，这本书就不可能问世。衷心感谢萨拉·托斯（Sarah Toth）为整本书细心编辑、撰写和制作辅助材料。感谢人体运动出版社（Human Kinetics）的开发编辑杰奎琳·布拉克利（Jacqueline Blakley），她具有把超级复杂的出书工作安排得顺畅无比的神奇能力。在教材内容的修订过程中，她也为我们提供了非常宝贵的意见。最后要感谢的是未来将使用这本书的教师们。我们相信你们是健康、活泼课堂的最佳倡导者。希望你们能让自己的学生具有良好的身体素质和体育素养，让他们拥有健康的生活。

感谢洛克海芬大学健康科学系的教授、学生教学和场地体验主任、哲学博士辛迪·艾伦（Cindy Allen）审核了本书。

第1部分

健康教育和体育教育课程的重要作用

第1章

健康的体质，健康的思想

目标

- 定义健康的6个方面，并解释它们如何影响整体健康水平。
- 了解20世纪以来美国人的健康变化情况。
- 定义不同人群的健康差异。
- 描述针对学校和学龄儿童的"2020年全民健康"目标。
- 识别美国疾病控制与预防中心（CDC）所监控的6类健康危险行为。
- 确定可以提高学生健康水平的特定行为。
- 阐述小学课堂教师对学生健康的主导作用。

失去健康时，学识无法表现，艺术才能无法展现，力量无法发挥，财产毫无意义，智慧毫无用处。

——赫罗菲拉斯（Herophilus）

在美国，超过5500万名中小学生每天在学校中度过长达6小时的时间。因此，学校的课程设置为改变孩子的健康和人生轨迹提供了巨大的机会。本书旨在帮助你充分利用课堂时间来开展与众不同的课程，让你的学生健康、幸福、自信。

健康和学习成绩之间的关系是无可争辩的，健康的学生更善于学习，更遵守纪律。没吃早餐、没睡好觉或不参加运动的学生很难专心投入学习。假如学生在小学阶段习惯性请假或者学习掉队，那通常他在初中、高中阶段也很难取得优秀的学习成绩。

要理解课堂健康教育的重要性，首先要了解健康的历史及其发展。本章介绍了健康的最新定义、组成当今健康观念的复杂部分、健康概念的历史、健康在当今社会中的地位、目前普遍存在的健康行为，以及可能影响你和学生健康的因素。

21世纪健康的定义

人们通常把健康定义为身体健美和远离疾病。这源于医学上的健康模式，它将良好的健康水平定义为鲜有疾病、身体不适或病痛。健康有很多种定义，广义的健康是指精神、身体和社会幸福感状态。这个定义支持着这一理念：人的健康受多种因素的影响，而非完全取决于疾病或身体不适。一个人的健康取决于以下6个要素及其相互作用：身体、智力、情感、社会、精神和环境（如图1.1所示）。保持这6个要素的平衡是达到高水平健康状态的关键所在。

- **身体健康指的是**实际的身体保持健康。它是健康最明显的表征，受到多种因素的影响，包括基因组成、传染源接触、享受的医疗保健、个人的相关行为（如吸烟、体育运动水平和饮食习惯等）。可观察到的特征（包括身高、体重和力量水平）通常都与身体健康相关。

- **智力健康**是对信息进行解释、分析并付诸行动的能力。智力健康涵盖了一个人的理解能力。通过控制人们认知、理解和利用健康相关信息的能力，智力健康可以影响一个人的整体健康水平。

- **情感健康**涉及人的情感及表达情感的方式。情感健康的人能够自我控制并善于接纳，能够有效地用人们可接受的方式表达积极或消极的情绪，而不是采用自残或威胁他人的方式。情感不健康人群的特点是对负面的情绪和感情管理不善，这可能导致他们患上与压力有关的疾病，他们也更容易感染疾病和患心脏病。

- **社会健康**是指在保持与他人的健康关系的同时具有驾驭所处社会环境的能力。人们生活在各种各样的社会环境中，包括家庭、工作场所、学校和社区。有效地驾驭这些环境的能力是社会健康的重要组成部分。保持和谐的人际关系，尊重他人，接受他人，知道改进人际关系的方式，这些都是社会健康的表现。

- **精神健康**是指以良好的方式处理日常生活的能力。精神健康的人能够激发自己的潜能，从而发现生活的目标和意义，并从中体会到幸福感。精神健康的人有着强烈的个人价值观，并具有在日常生活中融合这些价值观（包括信任、诚实和正直）的能力。

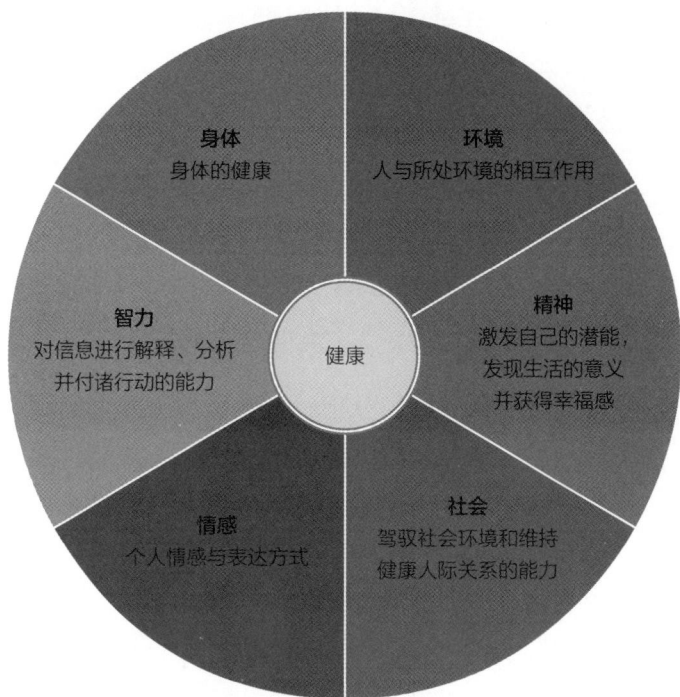

图1.1 健康的6个要素

● 环境健康包括预防和控制人与环境相互作用过程中产生的有关疾病或伤害。它包含所有生物、化学和物理等人类难以控制的外部因素对人体的影响。这些因素包括室内和室外的空气质量、水质量、土壤质量、有毒物质、危险废物和自然灾害。人们的日常生活和健康受到空气、水、食物和人类消费品的影响。在全球范围内，环境危害占所有病因的1/4（World Health Organization, 2013）。空气污染每年造成全球370万人死亡，是最大的环境致癌因素（World Health Organization, 2013; 2014a）。砷是一种已知的剧毒致癌元素，美国的地下水中含有高浓度的砷（World Health Organization, 2012）。接触铅对于年幼的孩子是灾难性的，因为它可能会导致智力低下、不可逆的行为问题，甚至死亡（World Health Organization, 2014b）。孩子不能选择他们的生存环境，而且特别容易受到有害生活环境的影响，童年的有害生活环境往往会导致其成年后出现严重的健康问题（Robert Wood Johnson Foundation, 2008）。

这些发人深省的事实不是为了警示你，而是为了提高你对生活环境的认知，提高你对学生在这个环境中生活、玩耍和上学及其与潜在学术和行为结果之间的关系的认识。环境健康的关键是通过健康的家庭、社区和学校环境来促进孩子们的健康。儿童代谢毒素的速度要比成人慢，并且他们在学校接触有害物质的风险较高，如霉菌、石棉、氡气、空气中的金属、挥发性化合物和噪声。此外，弱势群体有更大可能生活在被污染的环境中。学校环境会对学生的呼吸系统、行为表现、心理健康、体育运动和学习成绩产生影响（Marks, 2009）。与环境健康相关的美国国家目标（针对小学、中学和高中校园）包括以下主题：室内空气质量、模具问题、有害物质、农药接触和饮用水安全。

有时，"环境"一词在广义上是指与个体相互作用的大系统。在每个人的生存环境中，社会因素和生活方式极大地影响着健康，如食物、住房条件、医疗和交通运输等。

家庭的环境健康

发现家庭中可能存在健康危害时，请访问美国疾病与控制预防中心（CDC），了解健康家庭的小贴士。尝试与你的学生一起探讨。

健康的历史文化

现在你已经熟悉了当代健康定义的复杂性，下面我们开始挖掘其历史根源。历史可帮助你了解和感知当前社会中发生的各种事情的背景，这样你就能明智地创造更加美好的未来。下面的内容解释了古代公共卫生观念是如何形成的，以及它们是如何预防疾病和促进健康的。

古代文明时期

在人类早期文化中，医学知识代代相传，几乎所有文化中都会有某种类型的医生或药师提供健康信息、健康教育、护理和治疗。在那个时期，埃及人被认为是最健康的人，因为他们强调个人清洁，使用药物制剂，并建立了污水排放系统。公元前1500年，希伯来人制定了书面形式的卫生规范。规范涉及各种与健康有关的内容，包括清洁和卫生、防止传染病的传播、隔离麻风病人、消毒和卫生设施。

古希腊（公元前800年—公元前146年）是第一个同时重视疾病预防和疾病治疗与控制的国家。古希腊人将重点放在实现身体、精神和个人心理之间的平衡。希波克拉底（Hippocrates）是一位著名的希腊医师，在西方被称为"医学之父"。他创造了一种直到20世纪仍在医学院校讲授的疾病理论，这是一个科学的有关疾病因果关系的理论。该理论认为，健康是人体平衡的结果，而疾病则是人体不平衡的结果。

罗马人（公元前500年—公元500年）广泛地建造了水渠和地下排污系统。这个工程能够远距离输送大量的水，并将罗马等主要城市产生的污水排出去。这些系统每天将至少151升水有效地输送给罗马城中的每个市民。此外，沿线沟渠还设置了沉沙池来沉积泥沙，从而达到滤水的效果。可惜的是，沟渠中的水含有铅，研究人员认为铅中毒是罗马帝国走向衰落的原因之一。罗马人还建立了医院并发展公共医疗服务（将医师分配到城镇或机构）以及私人诊所。

中世纪

中世纪（约公元500—1500年）是一个政治混乱和社会动荡的时期，之前取得的许多健康卫生方面的进步都在此阶段遗失殆尽。城市人满为患，社会很少注重清洁、个人保健和卫生设施建设。因此，中世纪有很多流行的传染病，包括麻风病、鼠疫、梅毒和天花。在14世纪，鼠疫（又称黑死病）导致的死亡人数比任何战争、饥荒或历史上的自然灾害都要多。在欧洲，有数百万人因此丧生，甚至某些城市都消失了。在埃及的开罗，每天的死亡人数在10000~15000人。鼠疫的流行引起了人们对卫生态度的变化，人们开始调整自己的行为以避免被传染。于是，人们开始组建医院、建立隔离区、建立食品安全准则，以及定期清扫街道。

文艺复兴和启蒙运动时期

文艺复兴时期（14—16世纪）是一个注重探索和学习的时期，各种贸易活动不断扩大，知识不断重建和积累。在此时期，人们发明了印刷机和显微镜，并描绘出了接近实际的人体解剖图。人们对解剖学进行了系统的研究，对疾病进行了分类，在寻求医疗知识的过程中发现了职业疾病。人们对疾病信息展开调查，搜集总体健康率、死亡率、发病率方面的数据。

尽管科学有所进步，但这一时期的公共卫生并没有得到大幅改善，疾病，包括瘟疫仍然普遍存在。在意大利，为了遏制瘟疫，许多城市设立了卫生委员会。到了16世纪中叶，流感、天花、结核病、瘟疫、麻风病、炭疽和脓疱病被认定为有着不同起因的不同疾病。人们虽然认识到这些疾病是有传染性的，但对于病因和预防却缺乏知识。在这种有限的理解下，出于好意，社区负责人、医生等都试图在健康和疾病方面对人们进行教育，但是对于慢性疾病和传染病的治疗仍然处于原始状态，很多疾病的治疗都采用放血方法，并由理发师对牙科疾病进行诊治。

启蒙运动时期（18世纪）以革命、工业化的快速发展为特点，但工业化造成了污染，使得生活条件恶化。微量元素缺乏在当时尚未被认为是引起健康问题的基本原因。败血症（严重缺乏维生素C引起）在1500—1850年导致了高达200万名水手的死亡（Rosen, 1993）。瘟疫和流行病等问题仍然存在，但当时的科学家尚未发现这些疾病是由微生物引起的。

1798年，爱德华·詹纳（Edward Jenner）发现了预防天花的疫苗。当时天花每年导致数千人死亡，幸存者也往往毁容或失明。天花的治疗过程也增加了病人的痛苦，如放血、催泻、穿刺、发汗疗法等。詹纳天花疫苗的成功研制使得人类在20世纪于全球范围内杜绝了由天花造成的大规模死亡。

在美国，接种疫苗是公共卫生所取得的
最伟大的成就之一。

健康的发展历史

　　从希伯来人对个人卫生的关注，到显微镜的发明再到第一支天花疫苗的研制成功，公共卫生的实践理念逐渐深入人心。下面将介绍在更好地了解人类疾病后，人类的平均寿命和全球人民的生活质量是如何得到显著提高的。

18世纪

　　在18世纪，由于过度拥挤、贫穷和环境污染，社会的健康状况依然糟糕。这些情况使得天花、霍乱和白喉等传染病仍很流行。虽然一些城市设立了健康委员会来解决健康问题，但是控制疾病传播的主要手段仍然只是检疫和清洁环境。1789年，爱德华·威格斯沃思（Edward Wigglesworth）医生发表了第一份衡量寿命的表格。当时，人类的预期寿命只有28.15岁（Rosen, 1993）。

19世纪

　　在19世纪，人类的健康状况有所改善，但是工业革命导致过度拥挤、贫穷和环境污染等问题不断恶化，从而导致天花、结核病、黄热病、霍乱和伤寒等传染病持续流行。1850年，马萨诸塞州每10万名居民中就有

300人死于结核病。在此期间，人类的平均寿命实际上有所下降。1820—1825年，纽约人的平均寿命从26.15岁下降到19.69岁。1870年，路易·巴斯德（Louis Pasteur）发明了第一种科学的免疫方法。他还发明了现在广为人知的巴氏灭菌法——通过加热生牛奶的方式杀死有害微生物。此外，他发明了用罐头保存食品的方法，提高了人们长时间储存食品的能力。

1850—1880年的这段时间被称为公共卫生的"瘴气时期"。在这段时间里，人们认为疾病是由吸入的有毒气体（称为瘴气）造成的，有毒气体来源于腐烂的污物和垃圾。当时的人们有一个普遍的观念：霍乱和其他传染病是由墓地、污水、人类呼吸和植物分解所导致的空气污染引起的。人们认为消除这些气味就可以控制疾病，因此，当时的疾病控制方法就仅仅是普通的清洁工作。

1800—1900年被称为公共卫生的"细菌学时期"。路易·巴斯德、罗伯特·科赫（Robert Koch）和其他细菌学家的工作表明：特定的疾病是由特定的微生物引起的。科学家们发现细菌和病毒会引起疾病。路易·巴斯德还研究出了防止鸡霍乱的方法并研制出了狂犬病疫苗接种的方法。

这些发现使得人们开始更小心地保护水和食物来源，并适当地进行污水处理和消灭昆虫。这种卫生改善工作延长了儿童的生命，降低了婴儿的死亡率。在此期间，人们获得了相应的教育，这对改善儿童健康也起到了重要作用。科学家们编写的手册和书籍中阐明了疾病的产生原因和疾病的传播途径。学校开始增设卫生课程，更广泛地教授洗手等卫生行为。

20世纪

日益改善的公共卫生服务、医疗服务和免疫工作意味着许多传染病不再像以前那样具有极高的威胁性。因此，公共卫生的工作重点开始从对抗传染病转移到预防慢性疾病。美国卫生部门开始扩大他们的保障计划，致力于为全民提供和保持高质量的个人健康服务。健康更多地被定义为寿命长短和生活质量高低。在20世纪40年代，抗生素被广泛应用。第一批抗生素在20世纪20年代上市，1944年青霉素实现商业化。美国疾病控制与预防中心发布了20世纪对美国人健康影响最大的十大成就（CDC, 1999）。在此将它们列出（但并非按重要性排序）。

- 免疫/疫苗：采用常规免疫在全球范围内实现了对天花的预防，在美洲范围内实现了对小儿麻痹症的预防，疫苗的应用使得一些可预防的传染病的发病率降到了历史最低水平，几乎无人再受麻疹、百日咳等传染病的致命影响。
- 汽车安全：车辆和高速公路在工程上取得了进步，人们提高了使用安全带和摩托车头盔的意识，酒后驾驶现象减少。
- 工作场所安全：加强对有害工作环境的控制，减少工伤。
- 控制传染病：使用清洁水，改善环境卫生和使用抗生素。
- 心脏病和中风死亡率下降：减少吸烟，控制高血压，增加获得早期诊断的机会并提供高质量的医疗服务。

- 更安全和健康的食品：减少微生物污染，增加营养成分，强化食物营养。
- 母婴健康：改善卫生和营养，使用抗生素，进行更好的孕期护理，提高产科和新生儿医学技术；自1900年以来，婴儿夭折率下降90%，孕产妇死亡率下降99%。
- 计划生育：普及和加强避孕，减少艾滋病（HIV）病毒传播和其他性传播疾病。
- 饮用水加氟：预防龋齿，减少牙齿脱落。
- 控制烟草：减少与二手烟的接触，降低吸烟率和与吸烟相关的死亡率。

当今美国人的整体健康情况

自20世纪初，美国人死亡的主要原因已经发生了巨大的变化。在20世纪，大多数人的死亡是由感染或传染病引起的，包括肺结核、霍乱和流感。随着环境卫生、垃圾处理和医学发现的进步，传染病导致的死亡人数减少了，人们的寿命增长了。表1.1所示为1900年和2010年美国人死亡的主要原因的对比。同时，教育者也需要知道死亡原因因年龄而异（如表1.2所示）。表1.1列出的主要死亡原因是基于所有年龄段的，没有区别死亡者的年龄。据美国疾病控制与预防中心的数据（CDC, 2010），2010年，15~44岁年龄段的人死亡的主要原因是意外伤害。"意外伤害"包括多种伤害类型，如窒息、烧伤、溺水、工伤和交通事故等。

青少年的死亡主要是由不健康行为和原本可控的危险因素引起的，包括饮食不健康、缺乏体育运动、吸烟和酗酒等。医生可能会在死亡证明上说明一个人死于心脏病，但是心脏病的起因可以追溯到上述任何危险行为。注意，健康的孩子才更有可能成长为健康的成年人，而大多数有着健康风险行为的成年人在青少年时期就开始这些行为了。为了更好地通过专业的教育帮助孩子应对这些风险，美国疾病控制与预防中心确定了6种较严重的不健康行为（CDC, 2011a），它们是美国人患病和死亡的主要原因。

- 吸烟。
- 不健康的饮食习惯。
- 酗酒。
- 有意或无意导致受伤的行为。
- 缺乏体育锻炼。
- 感染艾滋病或其他性传播疾病。

健康人群

1979年，美国政府发布了文件《健康人群：卫生部部长关于促进健康和预防疾病的报告》（以下简称《健康人群》）。这份文件确认了美国人从预防传染病到预防慢性疾病的转变，并指出个人健康行为和生活方式对促进健康的重要性。在美国，大约50%的过早患病和死亡病例都归因于不健康行为，如吸烟、不运动、酗酒。在2010年全美的所有死亡案例中，因心脏病、癌症、慢性疾病、中风和交通事故等意外伤害而死亡的案例占63%（Murphy, Xu & Kochanek, 2012）。慢性疾病是医疗保健的焦点，也是医药费支出的大头。

表 1.1　1900 年和 2010 年美国人死亡的主要原因

1900 年（20 世纪）	2010 年（21 世纪）
肺炎	心脏病
结核病	癌症
腹泻/肠炎	慢性疾病
心脏病	中风
肺病	意外伤害
损伤	阿尔茨海默病
癌症	糖尿病
衰老	流感与肺炎
白喉	肾炎和其他疾病

死亡原因按患病病率排列。

源自：U.S. Department of Health, Education and Welfare, Public Health Service, 1979, *Healthy people: The Surgeon General's report on health promotion and disease prevention* (Washington, DC: U.S. Government Printing Office).

表 1.2　2010 年不同年龄段美国人死亡的主要原因

15~24 岁	25~44 岁
意外伤害	意外伤害
凶杀	自杀
自杀	被杀
癌症	癌症
心脏病	心脏病
先天性缺陷	艾滋病毒感染/艾滋病
中风	糖尿病

源自：National Vital Statistics System, National Center for Health Statistics, CDC. Office of Statistics and Programming, National Center for Injury Prevention and Control, CDC.

自 1979 年《健康人群》发布以来，从地方到联邦的各级机构都在主动推进美国人在健康方面的长远发展。美国健康和公共事业部（USDHHS）每隔 10 年搜集、分析一次数据，评估科学发展趋势和创新点，并利用这些信息建立美国人的健康指标并监测美国人的健康状况。这些指标涵盖了不同群体和不同年龄段的美国人的一系列健康问题，个人及社区可以根据已发行的健康指标制定相应的措施。

健康差异

通过从美国疾病控制与预防中心以及其他许多联邦、州立、地方公共卫生机构、非营利和私人医疗机构得到的数据，我们对美国特定人群的健康状况有了更多的了解。健康不仅受生理和医疗服务的影响，还受到收入、教育水平和社区环境等重要因素的影响。与这些因素有关的健康方面的差异称为健康差异。健康差异是社会弱势群体在疾病、伤害或获得最佳健康机会方面的可预防差异。常见病、普通慢性疾病与严重慢性疾病之间存在着较大的差异。健康差异可能源于多种因素，包括贫穷、环境威胁、得不到足够的医疗服务、个人行为和教育不均衡等。

罗伯特·伍德·约翰逊基金会（Robert Wood Johnson Foundation, RWJ，美国健康和医疗方面最大的慈善组织）在2008年的报告中指出，健康差异不仅影响贫困人群的健康状况，也影响美国中产阶级的健康状况。因此，如果能够减小健康差异，贫困人群和中产阶级都将受益（RWJ, 2008）。

辍学会引发多种社会和健康问题。总体而言，受教育程度较低的人会比那些受教育程度高的人面临更多的健康风险，如肥胖和受伤。另一方面，人们通过获得或了解基本健康信息和服务可以做出适合自己的健康决策，而更高的学历和更长的寿命与更好地做出正确的健康决策有关。预期寿命也因种族和性别而异，如图1.2所示。

在社会或经济上处于劣势的人群的健康差异使得美国无法使整体的健康水平达到最佳状态。美国总体健康目标包括健康均衡化、消除健康差异、改善各类人群的健康状况。在医疗服务方面，美国的资金投入比其他工业国家高出2倍以上，但在预期寿命排名上，美国始终排在最后（RWJ, 2008）。人们的健康行为受到家庭和社会环境的影响。过去受限的人群需要消除障碍并创造重新选择健康的机会。

解决与健康差异有关的复杂社会问题是一个崇高而理想的目标，但是这超出了大多数教育工作者力所能及的范围。在美国，每个人都坚信"人人生而平等"和享有"平等的权利"。不幸的是，并非所有的人都拥有"平等的境遇"。许多孩子出生在贫穷的家庭或生活环境中，这些环境对他们的健康和学业会产生负面影响。除了加强你的学生及其家庭与学校医务人员的联系，还有另外一些有用的建议，包括提供学校计算机的访问权限、安排灵活的会议时间/天数、采用非电子手段的交流以及语言交流。最重要的是，要灵活地了解每个孩子的情况，并对他们抱有相同的期望。

健康的决定因素

影响一个人健康状况的因素有很多，这些因素被称为"健康的决定因素"，个人、社会、经济和生活环境等因素决定了个人或人群的健康状况。根据美国《2020年全民健康》（2011），健康的决定因素可分为以下6类。

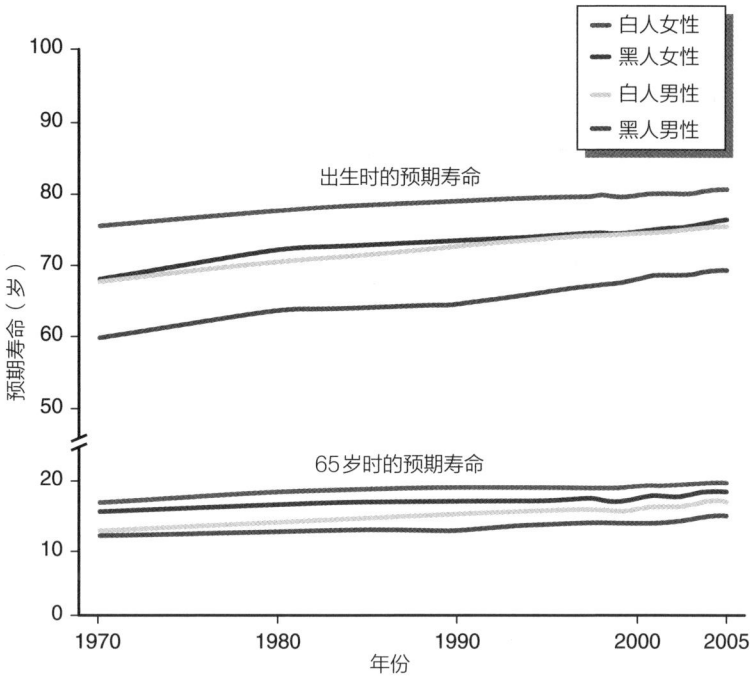

图1.2　按种族和性别统计的出生时和65岁时的预期寿命（United States, 1970—2005）
根据1990年人口普查数据计算1997—1999年预期寿命的死亡率。基于2000年人口普查数据计算2000—2005年预期寿命的死亡率。
源自：CDC/NCHS，National Vital Statistics System.

- **政策**：影响个人和群体健康的政策，包括与烟草相关的法律、安全带的使用规定、与疫苗接种和婴儿筛查相关的卫生法等。
- **社会**：与家人和朋友的互动、住房情况、交通选择、学校、公共安全以及满足日常需求的资源（食品和就业机会等）。
- **医疗服务**：可得到的医疗服务的质量，优质医疗服务的缺乏可能导致无法满足健康需求，无法得到合适

的医治或预防服务。
- **个人行为**：与健康相关的行为的选择，如吸烟、饮食、运动和洗手等。
- **生物学和遗传学**：一个人的出生因素（性别、遗传和医疗条件等）、家族病史和随着年龄增长而出现的健康问题。
- **环境条件**：有毒物质、食品污染和微生物制剂，如含铅的涂料。

本书重点介绍个人行为与终身健康、幸福的关系。

个人行为与终身健康、幸福的关系

正如某些行为会导致疾病和死亡一样，研究表明，也存在对终身健康和幸福有益的特定行为。这些行为包括体育锻炼、选择健康的饮食、保持健康的体重、有效管理压力、避免抽烟和酗酒、预防疾病和伤害等。

体育运动

2008年，根据美国健康和公共事业部为所有美国人参与体育活动发布的指导文件，成年人每周应至少进行2.5小时的中等强度的有氧运动或75分钟的高强度运动。有着额外健康需求的人，每周应该至少进行5小时的中等强度的有氧运动或2.5小时的高强度运动。成年人每周还应该至少用2天针对所有肌群进行强化训练。对学生的建议则略有不同，学生每天应该参加1小时的体育运动，大多数运动应该是中等强度或高强度的有氧运动，并且每周应该进行至少3天的高强度运动和加强肌肉与骨骼的活动（USDHHS, 2008）。

体育运动可以通过各种方式促进人们的整体健康和幸福，这些方式包括增强力量、灵活性，促进心血管健康、新陈代谢，降低肥胖水平，促进精神健康以及降低患慢性疾病的风险。为了享受这些好处，人们需要进行不同类型的体育运动来达到推荐的运动量，如图1.3所示。体育运动水平与健康风险之间有着明确的联系。例如，增加看电视的时间会增加一个人得肥胖症和Ⅱ型糖尿病的风险（GRøntved & Hu, 2011）。

健康饮食

选择健康的饮食对保持终身健康至关重要。2015年年底，美国农业部（USDA）为美国人发布了新的膳食指南。该指南为如何进行健康饮食提供了5个全面的建议，这些建议包括在生活中应遵循健康的饮食模式，注重食物多样化、食物营养和摄入总量，限制糖与饱和脂肪酸的摄入以及减少钠的摄入，选择更健康的食物和饮料，支持所有健康的饮食模式。美国农业部建议人们通过少吃来平衡热量，但可以多吃水果、蔬菜和全麦食物，每一类食物的摄入量要在合理的范围内尽可能多；选择低脂牛奶和低钠食物，用水来代替含糖饮料（USDHHS & USDA, 2015）。"我的餐盘"一图提供了一种饮食指南，如图1.4所示，它创建了一个健康的餐盘作为一个简单、快速的提醒。人们应优先和重点考虑健康、平衡的板块：水果、蔬菜、蛋白质、谷物和低脂奶制品，奶制品包括奶制品替代品（如豆奶、杏仁奶）。

课堂教师的责任

课堂教师有着独特的工作环境，能够影响与积极促进学生的教育和健康。学生在青少年时期养成的某些行为习惯会影响他们成年后的健康状况，这些行为包括吸烟、饮食习惯、体育运动水平、饮酒和有可能导致意外伤害的行为。据美国疾病控制与预防中心的报道，美国青少年的学习成绩与健康程度密切相关（如图1.5所示），在校表现差或受教育程度较低都与饥饿、受虐待、患有慢性疾病、遭受暴力和缺乏体育运动等因素有关（CDC, 2011b）。

能量平衡

能量输出　　　　　　　　　能量摄入
（运动）　　　　　　　　　（饮食）

F：频率；I：强度；T：时间

F=每周大于3天
I=拉伸运动
T=10~30秒/组，2~4组＊主要肌群训练

第五步
灵活运动
• 拉伸运动
• 瑜伽
• 体操

F=每周2~3天
I=肌肉负荷训练
T=8~12次/组，2~4组＊主要肌群训练

第四步
肌肉健身运动
• 阻力训练
• 健美操
• 攀岩
• 增强式训练

F=每周大于3天
I=达到目标心率
T=20分钟以上/天

第三步
健身运动和娱乐
• 运动（如乒乓球、篮球）
• 滑冰
• 划船
• 跳舞

F=每周大于3天
I=达到目标心率
T=至少30~60分钟/天

第二步
健身运动
• 快走
• 有氧舞蹈
• 骑车
• 游泳
• 爬楼梯

F=每天
I=快步走
T=至少30~60分钟/天

第一步
适度身体活动
• 步行
• 清扫院落
• 打保龄球
• 做家务

＊对青少年，建议每天至少进行60分钟中等
强度的运动。青少年可以结合金字塔形运动
方法来达到这一建议。

避免不运动

图1.3　金字塔形运动方法是规划积极生活方式的实用指南

源自：C.B. Corbin, G.C. Le Masurier, and K.E. McConnell, 2014, *Fitness for life*, 6th ed. (Champaign, IL: Human Kinetics), 96. Source: C.B. Corbin.

　　美国学生肥胖症的流行程度仍呈上升趋势。根据2011年全国健康和营养调查（NHANES），年龄为2~19岁的美国青少年中，大约有17%的人患有肥胖症。1994—2008年，墨西哥裔美籍青少年的肥胖症患病率从27.5%上升到44.2%；非洲裔青少年的肥胖症患病率从27%上升到49%；非拉美裔白人青少年的肥胖症患病率从20.5%上升到31.2%（CDC, 2011c）。

图1.4 美国农业部发布的 "我的餐盘"（MyPlate）可以帮助人们轻松记录并做出健康的食物选择
源自：USDA's Center for Nutrition Policy and Promotion。

疾病控制与预防中心的《2011年青少年危险行为调查》（YRBS）显示，12%的青少年不吃水果，6%的青少年不吃蔬菜。在调查的前7天内，有11%的青少年每天喝3瓶/罐的苏打饮料（CDC, 2011b）。

作为一名教师，你应该致力于提升学生的全面健康、幸福感和学习成绩。教师可以通过教学内容和在课堂内外建立的健康习惯，对学生的健康行为产生微妙但强大的影响。例如，支持美国健康宣传周的做法就可以起到积极作用。然而，这些策略本身往往会导致学生在当年剩余时间里对重要的健康主题滋生漠不关心的情绪。教师可以在整个学年内结合适当的健康内容来教授阅读、写作和算术课程，而不是采用只教一次的方式。当学生从儿童向活跃、精力充沛的青少年过渡时，教师作为榜样，其角色尤为重要。教师通过塑造健康饮食、

肥胖是能量不平衡的结果，即能量摄入过多，体育运动过少。除此之外，美国学校的学生体育运动水平也低得惊人，81.8%的青少年达不到建议的体育运动量，69%的学生在校期间不上日常体育课。在美国学校，营养也是一个值得关注的问题。美国

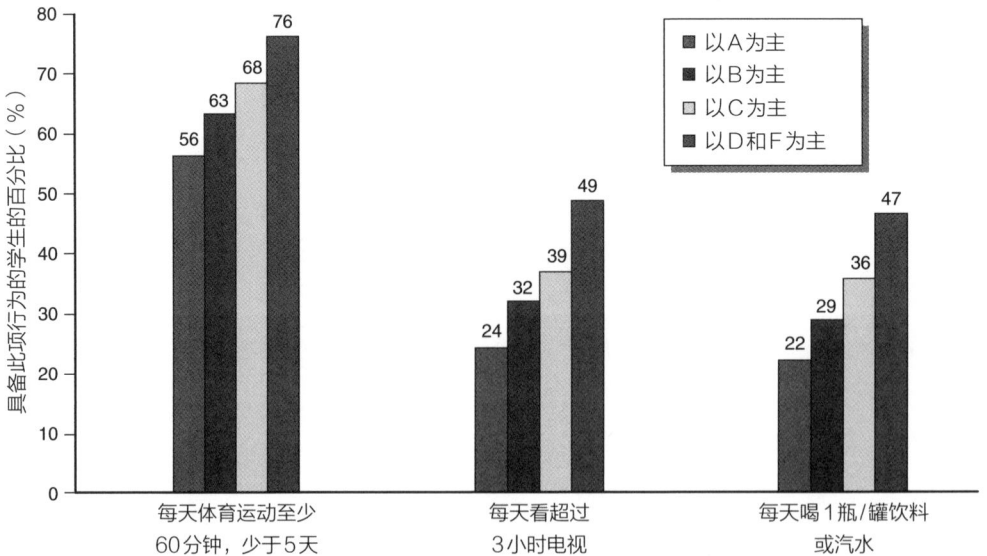

图1.5 具有肥胖相关健康危险行为的高中生的比例，按不同年级调查了他们前7天的行为（青少年危险行为调查）

源自：Centers for Disease Control and Prevention (2011). Adolescent and School Health: YRBSS I Brief.

热爱体育运动和能适当应对压力的形象，可以对学生的健康决策行为产生积极的影响。教师拥有积极的态度和高度重视健康的意识也会影响学生。这有助于建立一个可以公开讨论健康话题以及鼓励养成健康习惯的环境。

小结

20世纪以来，美国人的健康状况发生了巨大的变化。美国人在公共卫生上的努力降低了传染病的发病率。然而，在现代社会中，个人行为导致的疾病较为普遍。慢性疾病（如癌症、心脏病、糖尿病）折磨着成千上万的美国人，这些病被认为是饮食习惯不良和缺乏体育运动的后果。今天对健康的完整定义不仅包括身体方面，还包含精神、情感、社会、智力和环境方面。

现在你已经熟悉了健康教育的内容，请阅读第2章关于影响学生健康和营养的美国联邦政策的内容。第2章还会介绍一个综合的方案，以确保将学生的健康纳入课程教学重要范畴。

复习题

1. 健康的6要素是什么？请分别列出并定义它们。

2. 历史上美国人死亡的主要原因是如何变化的？

3. 目前美国人死亡的主要原因是什么？

4. 美国健康和公共事业部推荐的运动量是多少？请列出定期锻炼的3个好处。

5. 美国疾病控制与预防中心确定的6种不健康行为是什么？请列出3种并分别对它们进行描述。

6. 为什么说健康对提高学习成绩很重要？

第 2 章

协调学校健康：一个团队的方法

目标

- 描述健康与学校使命之间的关系。
- 讨论《儿童营养与WIC再授权法案2004》及其对当今校园健康的影响。
- 解释学校健康政策推行可能受限的原因。
- 描述学校健康之全学校、全社区、全儿童（WSCC）模式的组成部分并指出每个部分的作用。
- 指出至少3个不利于健康教育量化的因素。
- 阐述学业成绩与健康风险行为之间的关系。
- 说明为什么美国《国家健康教育标准》非常重要。
- 确定学校健康WSCC模式的实际应用方式和最好的实践方案。

美国学校的主要使命是教育青少年并帮助青少年取得学业上的成功，这一目标的实现与青少年的健康状况之间存在着非常紧密的联系。本书第1章讨论了美国学校学生的肥胖、体育活动水平低和饮食习惯不良等问题。与饥饿、慢性疾病、身体和精神虐待一样，这些健康相关问题均可能导致学生在学校的出勤率低、在课堂上注意力涣散、考试分数低以及学术水平低。正如我们在第1章中所提到的，健康风险行为可分为6大类：吸烟、不健康的饮食习惯、缺乏体育锻炼、酗酒、感染艾滋病或其他性传播疾病，以及有意或无意导致受伤的行为。

从积极的一面看，众多研究表明，适当的体育运动和良好的健康状况可以提高学生的注意力、改善课堂行为、减少纪律问题、提高出勤率以及学生在标准化测验中的表现。统整性学校卫生工作（CSH）（美国国家项目）是提高教育成果、改善青少年健康状况、保障其成年后健康的重要手段。

注重学生营养和体育活动的美国政策

全国学校午餐计划（NSLP）是在美国政府资助下，在公立学校和非营利性质的私立学校开展的一项午餐计划。为解决美国青少年营养不良的问题，美国政府于1946年提出了NSLP。NSLP通常被称作免费或低价午餐计划，它以免费或非常低的价格为数百万名学生提供营养午餐。所提供的午餐必须满足一定的标准，例如，食物营养含量至少要达到学生每日营养需求总量的1/3。依据美国联邦相关法律法规，NSLP必须为所有无法全价支付学校午餐的学生提供免费或低价午餐。年收入为30615~43586美元的家庭的学生有资格享受低价午餐，年收入低于30615美元的贫困家庭的学生有资格享受免费午餐（USDA, 2013）。70多年以来，这个由美国联邦政府资助的重要项目确保了学生在校期间能获得充足的营养。最近的几十年里，NSLP进行了一些发展和更新，和过去相比略有不同。

1972年，美国联邦政府启动了妇女、婴儿和儿童营养补助计划（WIC），为低收入孕妇、产妇、婴儿和5岁以下存在营养不良风险的儿童提供食品补助和营养教育。2004年6月30日，美国国会颁布了《2004年儿童营养和WIC计划再授权法》，该法案对WIC的定义进行了延伸和拓展。为促进儿童体育活动习惯发生积极的改变，该法案将教育纳入了WIC范畴。《2004年儿童营养和WIC计划再授权法》也扩展了WIC中食品的定义。相关科学研究、公众健康意识和饮食习惯文化显示，扩展后的定义更有助于促进WIC人群的健康。该法案还增加了可获得营养餐和点心的儿童人群，提高了学校食品的质量标准。

该法案同时要求：所有参加美国国家健康计划的学区应在7月1日前制定当地的健康政策。这些健康政策应涉及健康饮食和体育活动。当地健康政策是父母、学区和当地教育机构（LEAS）促进学生健康、预防和减少学生肥胖以及确保学校午餐营养符合美国联邦最低学校午餐标准等工作顺利落实的重要保障。学校健康政策至少应包含如下指标：营养教育目标、体育活动目标、学校提供食物的营养标准、其他促进学生身体健康和学校活动的目标，以及衡量当地健康政策实施效果的检查计划。

当然，制定健康政策并不能保证政策的有效实施。有些政策中会出现语言描述含糊不清或者只是简单地一笔带过的情况，这些情况将可能影响政策的实施。由于各学校、各州和各地区之间存在差异，学校本身又缺乏制定健康政策相关的资源，因此健康政策作用的发挥也会受限。

于2011—2012学年生效的《健康、无饥饿儿童法案（2010年）》中（公法111-296）的第204节中，拓宽了健康政策的范围，其作用主要体现在以下两个方面。

- 为推动学校健康政策的制定、推行和审查工作引入了股东。
- 要求向公众（包括家长、学生和社区其他人员）公布最新的政策法规内容及其实施情况。

美国农业部关于食品与营养服务分支的儿童营养部门提出了2011—2012学年地方学校健康政策要求及推荐措施。《健康、无饥饿儿童法案（2010年）》新规要求学校每天为学生提供水果和蔬菜，提供脱脂或低脂牛奶，提供更多的全谷物食品，并减少盐、饱

给健康政策做一次检查

学校健康政策评估工具（WellSAT），由罗伯特·伍德·约翰逊基金会和拉得基金会（Rudd Foundation）资助开发，用于协助学校评估其所在学区健康政策的质量。股东可以进行在线评估，从而生成个性化的指导和资源，以便根据评估做出改进。

和脂肪和反式脂肪的用量，要求学校根据学生年龄限制其热量的摄入。幼儿园至5年级的儿童，其早餐和午餐的热量摄入上限分别为2092焦耳和2720焦耳，而初高中学生早餐和午餐的热量摄取上限分别为2511焦耳和3558焦耳。

教育和健康之间需要协作

教育不仅仅是向学生灌输提高健康水平的知识来帮助他们改变健康行为，而且应使他们在提高成绩的同时享有优质的保健服务。研究显示，统整性学校卫生工作不仅可以减少健康风险行为，还可以提高学生的学业成绩（CDC，2012）。没有健康风险行为的学生的学业成绩可达到更高等级，学业表现越优秀的学生有健康风险行为的可能性也越小。尽管学业成绩和健康明显相关，但是还不能说学业成绩和健康之间有明确的因果关系。图2.1所示为2009年青少年有健康风险行为的调查结果，显示了高中生学习成绩等级和健康风险行为之间的关联性。

学业成绩与健康风险行为之间的紧密联系证明了统整性学校卫生工作的潜在影响。儿童和青少年在人格形成期中有相当长的一段时间是在学校内度过的。因此，统整性学校卫生工作是改善教学成果、增强青少年幸福感及提高他们成年后健康水平的重要手段。

几十年来，学校努力建立并持续提供卫生教育、预防方案及服务，但在实施的过程中却出现了资金不足、服务水平低下等问题，并且大部分问题被有关部门忽视。这是

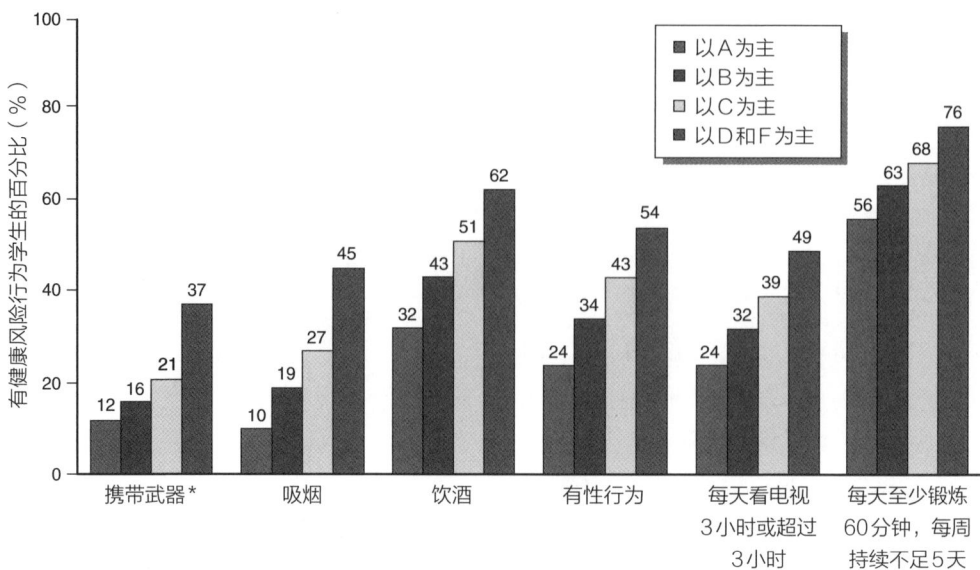

*这意味着学习成绩为A级的学生中有12%的人携带武器，学习成绩为D级和F级的学生中有37%的人携带武器。

图2.1　不同学习成绩的高中生有健康风险行为的百分比

源自：D.A. Birch and D.M. Videto, 2015, *Promoting health and academic success: The whole school, whole community, whole child approach* (Champaign, IL: Human Kinetics), 67: Adapted from United States Youth Risk Survey 2009.

由于学校、公共基本设施和私人项目在精神健康、社区服务、娱乐和青少年发展这4个方面各成一体，相互分离。这个问题导致教育工作出现重叠和重复以及开支浪费的情况，使得不同地区的学生在获得重要的教育机会方面存在着很大的差距。20世纪80年代末，针对这些问题，有人提出了统整性学校卫生工作模式。

单个的定义并不能很好地阐释统整性学校卫生工作，因为该模式往往是根据每个州、学校和社区的需要量身定制的。统整性学校卫生工作采用了一种系统的方法改善所有学生的健康，使他们能够充分参与并取得成功。该工作将学校行政人员、教师、工作人员、学生、家庭和社区成员聚集在一起，以评估健康需要，确定优先事项，计划、实施执行和评价在学校范围内所有与健康相关的活动。高质量的统整性学校卫生工作必须具备的要素有卓越的领导能力、突出的协作能力、大量资源的投入、持续的健康相关信息传递和完善的安全设施。

统整性学校卫生工作通常将8个相互关联的领域的健康促进工作整合在一起，这些领域在大多数学校中在某种程度上已经存在。这些领域的组成部分包括健康教育，体育教育和体育活动，健康服务，营养环境和服务，咨询、心理和社区服务，健康和安全的学校环境，教职工健康，以及家庭和社区的参与。这些组成部分的存在是为了促进健康，解决各个方面的健康问题，将重点放在慢性疾病的预防和控制上，提供健康的食物选择，让学生参与进来并促进他们的健康。

全学校、全社区、全儿童（WSCC）模式

最近，一种针对所有儿童的更全面的

方法已经从统整性卫生工作模式中发展出来了。美国督导与课程开发协会与美国疾病控制与预防中心一起开发了一个改善美国学校学生学习和健康的模式——全学校、全社区、全儿童（WSCC）模式，它将传统的统整性学校卫生工作方法与ASCD的子框架结合起来，旨在为学生提供更高水平的健康知识，帮助他们建立更好的态度和行为，并强化教育和社区成果。"全儿童"框架的重点是通过学校范围内的协作方式将注意力集中到儿童身上，确保每个学生健康、安全、得到支持，能参与、接受挑战并有望成功。学习和健康是相互关联的，学生是两者的积极参与者。

WSCC模式（如图2.2所示）为教育和健康之间的融合与协作提供了一个框架，能够帮助提高学生的认知水平、身体素质、社交能力以及促进学生情感发展。传统的统整性学校卫生工作模式含有8个部分的内容，而WSCC模式有10个。其中，健康和安全的学校环境被分为两个不同的组成部分：社会氛围情绪和气氛、学校物理环境。另外，家庭和社区参与被分为家庭参与和社区参与两类。这些变化突出了学校体育教育和心理社区环境的重要性，以及社区和家庭的支持对学生健康发展的影响。

下面将详细介绍WSCC模式的10个组成部分。

图2.2 全学校、全社区、全儿童（WSCC）模式

源自：ASCD, 2014, *Whole school, whole community, whole child: A collaborative approach to learning and health.*

健康教育

健康教育为学生提供了走向健康人生的机会，使他们获得了必要的健康知识和技能，能够做出有益于健康的决定，采取促进健康的行为，同时促进他人的健康。健康教育主题包括酒精和药物的使用、健康饮食和营养、心理和情感健康、个人健康、体育活动、安全和伤害预防以及暴力预防等8个部分。

健康教育课程应符合美国《国家健康教育标准》（NHES）。图2.3列出了所有的8个标准。这些标准是为了建立、促进和支持从幼儿园至12年级（K-12）的所有学生的健康行为而设立的。这些标准在帮助教师、行政人员和决策者设计或选择课程、分配教学资源，以及评估学生成绩和进展时，提供了大致的框架作为参照。这些标准使学生、家庭和社区对健康教育的期望变得具体化、可操作化，是健康教育实施和获得成功的一个重要条件。

小学缺乏高质量的健康教育的原因包括学校对教师健康教育课程备课的要求极低，标准化考试中缺乏健康教育主题，健康指导缺乏行政支持，很少甚至根本没有开展与健康相关的在职教师培训。学校管理人员和教师对学业成绩负责，但不对健康教育负责。因此，在分配学校的教学时间和资源时，天平往往向理论知识教育倾斜，体育教育总是为学业让步。

体育教育和体育活动

体育是中小学的一门基础课程，旨在使学生获得终身进行体育锻炼的必要技能和知识。体育教育的特点是有计划地实施K-12课程系列。这些课程通过多种体育活动为学生提供体育知识和学习经验。

优质的体育课程应协助学生达到美国《K-12体育教育国家标准》（如图2.4所示），该标准由美国健康与体育教育者学会提出。高质量的体育教育课程应培养出一个能从体育教育中受益终身的健康体育活动所需的知识、技能和信心且身体素质很好的人。

健康服务

健康服务旨在确保学生可享受初级保健服务，并通过这种保健服务预防和控制传染病及其他健康问题，为生病或受伤学

标准1	学生将了解一些与促进健康及疾病预防相关的概念，从而提高健康水平。
标准2	学生将能够分析家庭、同伴、文化、媒体、技术等因素对健康行为的影响。
标准3	学生将能够展示获得有效信息、产品和服务来改善健康状况的能力。
标准4	学生将能够展示运用人际沟通技巧来改善健康状况、规避或降低健康风险的能力。
标准5	学生将能够展示运用决策技巧来改善健康状况的能力。
标准6	学生将能够展示运用目标设定技巧来改善健康状况的能力。
标准7	学生将能够展示积极实行改善健康的行为并规避或降低健康风险的能力。
标准8	学生将能够展示倡导个人、家庭和社区健康行为的能力。

源自：Joint Committee on National Health Education Standards, 2007, *National health education standards: Achieving excellence*, 2nd ed. (Atlanta: American Cancer Society).

图2.3 美国《国家健康教育标准》

标准1	接受过身体素质教育的个人能够展示出熟练运用各种运动技能和运动模式的能力。
标准2	接受过身体素质教育的个人能够应用与运动和运动表现相关的概念、知识、原则和策略。
标准3	接受过身体素质教育的个人能够展示出实现和保持体育活动的知识和技能。
标准4	接受过身体素质教育的个人能够展示出尊重自我和他人的负责任的个人和社会行为。
标准5	接受过身体素质教育的个人能够认识到体育活动对于健康、愉悦程度、挑战、自我表达和社会互动的价值。

源自：the Society of Health and Physical Educators (SHAPE America), 1900 Association Drive, Reston, VA 20191.

图2.4　美国《K–12体育教育国家标准》

生提供紧急护理。该项服务尽可能地为学校安全设施和校园环境提供卫生支持，并提供教育和咨询机会，以促进和维护个人、家庭和社区健康。这些服务应由专业人员，如有资质的医生、护士、牙医、健康教育工作者和其他相关的卫生人员提供。

营养环境和服务

学校应提供各种营养可口的餐食来满足所有学生的健康和营养需求。学校营养计划应符合《美国饮食指南》和实现营养摄入完整性标准（Office of Disease Preventio and Health Promotion, 2015）。学校的营养环境和服务为学生提供了营养教育和健康教育的学习实验室，同时为学校完善与营养相关的社区服务提供了接口。应由有资质的儿童营养专业人员为学校提供营养服务。那些明令禁止食用垃圾食品，评估学生营养状况，禁止将食物作为奖励，以及为员工培训提供资金的州，其学生在学业和考试成绩上的表现整体都优于其他州的学生（Vinciullo & Bradley，2009）。

咨询、心理和社区服务

这些服务旨在促进学生的心理健康、情

感健康和社交健康，服务内容包括个人和团体评估等。辅导员和心理学家的组织评估和咨询技能不仅有助于学生的健康，而且有助于学校环境的健康。这些服务应由经认证的辅导员、心理学家和社区工作者等专业人员提供。

与当地农民联系

美国农业部为有意开发农场或种植作物的学校提供资源。欲知拨款机会、视频、网络研讨会、规划工具包和其他相关概况，请登录相关网站查询。

教职工健康

学校可以通过诸如健康评估、健康教育和开展健康相关的体能活动等方式改善全体教职工的健康状况，为教职工提供打造健康体魄的机会。学校开展的这些活动可以激励教职工追求更加健康的生活方式，有助于改善其健康状况，提高工作热情，也可以促使教职工为学校的统整性学校卫生工作做出更大的贡献，并为学生树立积极的榜样。教师的个性化的生活方式干预计划（包括健康检查、健康教育、同事支持和健康支持政策）可以改善参与活动的教职工的健康习惯。已有研究证实：在工作场所推行健康计划和健康活动可以改善教职工的身体健康水平、提高生产力、减少缺勤现象，还可减少医疗保险费用。

学校物理环境

学校物理环境包括物质环境、审美环境、社区心理氛围和文化氛围。影响物质环境的因素包括校园和周围的环境，以及对健康有害的生物或化学制剂、温度、噪声和照明等。审美环境（如景观、建筑、色彩、艺术品、声音效果和自然照明）和教室（如气温控制、室内空气质量、清洁度、教室大小、走廊人流量和活动空间）是影响学生和教职员工在校期间的舒适性和安全性的物理环境的重要组成部分。研究人员发现，噪声和过度拥挤会影响学生的学习成绩甚至危害学生和教职工的身体健康。大量数据表明，采用正确的洗手方法可降低传染病的患病率、提高学生和教职工的出勤率，这就是物质环境影响学生和教师的学习工作表现和身体健康的一个活生生的例子。

学校社会环境

社区氛围和情绪气氛包括影响学生和教职工身体健康和情感健康学校社会环境。社区氛围和情绪气氛是学校全体学生和教职工的集体态度、价值观、信念和行为表现的总和，与学生的成就息息相关。研究表明：提升学生对学校的归属感能提高学生的社交能力并促进学生情感健康发育、帮助学生取得学业成功和防范潜在的危险行为

（如旷课、休学或精神问题等）。良好的学校风气无疑可以激发学生对学校的归属感，使学生融入学校，体会到身心的双重安全感，并逐渐建立起自己可以取得良好学业成绩的信心。

健康是一个社会问题，学生的健康受到学校社会环境的影响。学生可以通过观察他人、模仿他人行为和增强社交能力来形成自己的行为习惯。学校的社交和情感氛围可以帮助也可能阻碍学生对相关健康行为的选择。一些心理脆弱的学生往往是那些被社会孤立的学生。拥有亲密的朋友并与他人建立良好关系对学生的健康和发展至关重要。这种关系可以为学生实现自我价值提供保障，也可以帮助学生应对压力，并且可以削弱孤独感。美国有些州明确规定禁止学生骚扰自己的同学，并敦促学校预防学生被骚扰事件。与未制定类似政策的州相比，这些州的学生的考试分数更高，辍学率更低。

家庭参与

学校必须积极争取家庭的参与。家庭的态度、行为和期望影响着学生的健康行为和学业表现。在良好的家庭关系中，学生将得到支持，获得身份认同感。家庭关系稳固的儿童健康长大成人的概率更大，因为这类儿童有更多机会参与体育活动、享受均衡饮食、获得情感支持且压力更小。此外，儿童对自我的认知在很大程度上取决于父母对待他们的方式。家庭是影响学生健康选择的主要因素。儿童会观察父母的饮食、饮酒、吸烟和安全带的使用等方面的习惯。如果父母吸烟，那么他们的孩子以后吸烟

的可能性就更大。由于这种强有力的动态关系，我们必须把家庭参与纳入学校健康的倡议工作。

社区参与

将学校、家长和社区的力量集中到一起的统整性卫生工作计划可以改善学生的身心健康。在统整性卫生工作计划中，社区负责制定与学生的健康有关的正式和非正式的行为规范或行为标准。例如，社区可以规定禁止饮酒，或鼓励学生参与社区体育活动。学校健康咨询委员会、联盟和分布在各行各业的支持者负责为学校健康项目提供支持，使得学生可以更有效地利用社区资源和服务满足自身的健康需求。社区人员之间关系稳定、联系紧密，则可以在支持积极的健康行为和避免消极的行为

方面更有影响力。社区的支持可以在改善儿童的身心健康的同时促进儿童的发育，降低青少年犯罪率。

应用WSCC模式

WSCC模式的思维是通过连接学校环境的现有组成部分，形成一个健康的学校社区。协调这一进程的第一步是获得行政支持和承诺。要做到这一点，首先需要与相关的管理人员进行交流，向他们宣传WSCC模式，并详细阐述该模式对促进学生、教职工的健康的益处。其次，建立一个由教师、家长和学生组成的卫生委员会，由该委员会对学生和教职工的健康负责。再次，确定学校的卫生协调员（通常是具有良好的组织能力和领导能力的健康倡导者）。

一旦组建了一个合适的团队，确定健

学校的社交氛围和情感环境可以帮助学生做出健康的选择。

康和学业成绩之间的联系的关键步骤就是搜集需求、评估数据和学生群体的人口统计信息。换句话说，就是问"他们是谁？"以获取学生的年龄、社会经济地位（SES），搜集享受免费或低价午餐的学生的比例数据等信息。这些数据可以帮助我们了解哪些策略更能满足学生和学校的健康需求。至于学生的学业成绩，可以通过学区的网站或美国国家教育部网站获取。

卫生委员会可以进行一次"汽车观察之旅"。汽车观察之旅是指开车游览社区并将通过观察学校环境、社区环境和周围的自然环境得出的重要发现记录下来。在游览社区时，观察者需要观察的对象还包括公园、其他娱乐区、附近的企业和医疗设施。观察时，观察者还需注意社区内是否有供儿童玩耍和锻炼的安全区域，是否设置了足够的人行道和栅栏。

卫生委员会还可以进行"关键人物访谈"。关键人物访谈是指围绕健康主题对社区中的关键人物进行深入访谈，从而了解社区情况。访谈应采取比较随意的方式，访谈内容应主要围绕需要讨论的一系列问题展开。访谈时，可以选择性地采访几位教师、学生、家长和管理人员以了解学校和社区的健康需求。建立焦点小组是搜集有关人口需求和兴趣的信息的另一种定性方法。

所有需求和评估数据的搜集工作完成之后，小组成员应当对搜集的数据进行分析并解释结果。然后就以下问题展开讨论：学生和教职工的健康需求有哪些？家庭应如何参与学校的健康计划？这样，我们就会对学校和社区的健康相关情况有一个较

为清晰的认识。

接下来，针对WSCC模式的每个组成部分，为每个部分制定长期目标和短期目标。长期目标和短期目标可以由政策和程序组成，也可以由更具体的目标，如课程开发或为学校厨房购买新设备的拨款申请组成。

下一步是将所制定的WSCC模式各部分的目标实现策略落实到位。最后，开展一次全面评估工作。如果所设定的目标都已达成，就举行一次年终活动来庆祝和宣传，还可以邀请家长、社区成员和在这一年参与了各种策略实施的地方组织和人员参与年终庆典活动。

在你的学校应用WSCC模式

应用WSCC模式的步骤在*Promoting Health and Academic Success*（Birch & Videto, 2015）一书中有详细的介绍。该书由几个参与开发WSCC模式的人员编写，在该书中，作者提供了一个详细的指南，指导读者理解并应用WSCC模式，书中还提供了一个详细的附录来介绍评估工具（大部分评估工具都可免费使用）。

最佳实践

为进一步阐释最佳实践在改善学校社区健康工作方面的作用，本节将展示过去20年中引起美国人关注的两个重要方面，即美国校园伤害事件日益增多和美国学校安全与应急准备的效率水平。

校园伤害会威胁学生的身心安全，影响他们的学习能力。根据美国国家教育统计

中心（2013年）的数据，初中校园发生的伤害行为比高中校园更多。此外，中学生，特别是6年级的学生，更容易在公共汽车上受到伤害，所以6年级的学生在校园伤害中受伤的比例最高。以下是教育专家建议的一些防止校园伤害发生的策略。

- 注重改善学校的社交环境。
- 动员教职工和家长加入预防伤害的行动。
- 组建一个多学科小组，负责开展预防伤害的活动。
- 开展校内评估工作，确定伤害事件的发生频率和发生地点。
- 对参与预防伤害活动的工作人员进行培训。
- 制定反伤害规则和政策并推广执行。
- 在最易发生伤害行为的地方加强监督。
- 不断合理地干预伤害行为。
- 上课过程中全程注意预防发生伤害行为。
- 持续不停地推行上述策略。

由于过去20年来，美国学校的暴力事件不断增加以及自然灾害频繁发生，对应急状况的准备工作变得极为重要。虽然美国联邦政府的法律并没有要求各个学区制定应急计划，但大约95%的学区都表示他们有应急计划（U. S. Government Accountability Office, 2007）。为了指导更多的学校制定此类计划，美国安全学校办公室已经准备了制定学校制度的指导方针（Office of Safe and Drug-Free Schools, 2004）。该方针侧重于4个阶段的规划，即预防和减轻、准备、应对和恢复。

- 预防和减轻。预防和减轻的目标是减小事件的影响，减少对应急计划的需求。学校必须根据周围地势和学校的过往数据以及其他相关因素来预测可能遇到的情况。
- 准备。学校应成立由教师、家长、当地警察、公共卫生官员以及社区相关负责人组成的学校危机小组，然后制定一个全面的计划并正式推行。计划应包括锁定、疏散和搬迁方面的后勤保障等。定期演习这些计划，以查缺补漏，确保学校做好应对灾难事件的准备。
- 应对。此阶段危机小组被激活，应急计划被启动。在这一阶段，心理健康专业人员的存在对父母和儿童都非常重要。
- 恢复。这一阶段的目的是恢复学生和教职工的正常生活。

想知道有关应急过程的更多信息，可以登录美国教育部网站。

教师的作用

学校对学生健康的潜在影响非常大，是仅次于家庭的第二大影响因素。小学生每天平均有6小时的在校时间，所以在升学的时间里，小学生的教室大部分时间都是空置的。这种独特的设置为小学教师促进学生健康创造了机会。无论是对学生的身体健康、社交健康还是情感健康来说，小学教师的作用都是不可忽视的。

强有力的科学证据表明，学生的健康与学业成绩存在着内在联系。教师积极参与促进学生健康的工作对实现学校教育的终极使命是很有意义的。最佳的健康状况可确保最佳的学习状态。学生表现不佳可能是由与健康有关的问题造成的，如睡眠不足、饥饿、疾病、身心受到虐待、空气污染，甚至牙齿不健康等。健康风险行为，如不进行体育活动、饮食习惯不良和意外伤害等都可能会引发大量学习问题。良好的健康状况是学生以充足的精力投入学习的坚实基础。

新晋教师面临的最大挑战之一是课堂管理。创造有利于学习的环境需要教师对学生的问题行为进行有效的管理。前面提到的健康问题和健康风险行为均与学生的不良行为有关。如果他们的基本健康需求得不到满足，他们就无法好好学习。学生在课堂上的各种问题行为，如上课时不能集中注意力或长期旷课等，都可能是受到其健康状况的影响。

幸运的是，在学生健康方面，教师们不是孤军奋战。有许多学校通过准备卫生项目、发掘资金来源和制定政策等方式改善学生的身体状况和学习状态。通过统整性学校卫生工作，教育工作者可与社区卫生专业人员和其他利益相关者建立伙伴关系。该项工作的关键是注重预防，尽量减少儿童在幼年时的危险活动。通过各方引导，学生可以避免健康危险行为，转而选择有益于身心健康的行为。通过强调健康状况，教师还可以实现缩小学生学业成绩差距的愿望。

小结

学业成绩与健康密切相关，因此，学生的健康对学校以及国家的发展都起着至关重要的作用。当学生的健康风险行为减少时，其学业成绩就会提高。美国联邦法律要求学校为学生提供健康的学习环境，并制定了许多政策来推行这些法律。参与统整性学校卫生工作计划［特别是遵循全学校、全社区、全儿童（WSCC）模式的计划］是教师为学生创造健康学习环境的重要途径。美国《K-12体育教育国家标准》为教师开展这项工作提供了理论基础。

复习题

1. 你能描述一下学生的身心健康与他们的学业成绩之间的关系吗？

2. 《2004年儿童营养和WIC计划再授权法》是什么？它与学生的健康和身体素质之间有怎样的联系？

3. 全学校、全社区、全儿童（WSCC）模式的组成部分有哪些？

4. 如何利用WSCC模式改善学生的健康状况？请描述3种方法。

5. 指出一种健康风险行为并说明这种健康风险行为对学生的学业成绩有怎样的潜在影响。

6. 为什么说小学校园提供了影响儿童身心健康的理想环境？

7. 为什么一些小学学校的健康教育质量不高，如何解决这一问题？

8. 选择美国《国家健康教育标准》中的一项标准。在一个小学课堂中，有哪3种方法可以实现这一标准？

第3章

健康教育

目标

- 介绍儿童的正常成长和大脑发育情况。
- 介绍儿童的身体发育与健康状况。
- 阐述可用于改善健康行为的理论。
- 介绍自我效能的定义及其如何应用于健康行为。
- 分析学生健康、健康指导及学术成果之间的关系。
- 介绍全面学校健康教育的目的和内容。
- 分析健康教育面临的挑战和机遇。

健康是我们的生存所求、学习所求、工作所求、运动所求。健康存在于我们做的每件事中。

——雷吉娜·M. 本杰明
（Regina M. Benjamin）
美国公共卫生部前部长

成年人的健康是其在儿时培养的知识、技能和行为所形成的自然产物。想象这样一个情形，青少年意识到媒体和科技对生活带来的影响；他们将成为增进个人健康的商品和服务的主要消费者；他们善于设定目标和规划以实现最大潜能；他们运用这些技能来提高自己、家庭甚至整个社区的整体健康水平。

上述情形并不是目前美国的真实反映。当今美国，年轻一代面临着诸多高风险行为，包括机动车交通事故和暴力行为等。美国疾病控制与预防中心的报告指出，在美国，有1/3的青少年超重或有肥胖症，有1/5的高中生吸烟，有1/3的少女在20岁之前都有过怀孕的经历（CDC, 2009, 2012）。另外，有30%的青少年死于机动车事故，有22%的青少年患有严重的精神疾病，并且只有大约40%的学生每天吃早餐（CDC, 2009, 2012）。美国健康和公共事业部的报告指出，在2010年有75.4万儿童被忽视、身体或精神受到虐待，其中有1560名儿童死于这些事件（USDHHS, 2011）。

健康教育可以架设起理想和现实之间的桥梁，它涵盖了一个可将这些美好理想变为现实的理论框架。此外，小学教师可以积极主动地把健康教育的理念传达给每个学生。

健康教育在适当的研究和理论基础上，将有计划的学习和循序渐进的学习经验结合在一起，为学习者提供获取信息、技能和实践的机会，进而使学习者做出正确的健康决定。健康教育涵盖了健康的所有方面，包括身体健康、情感健康、精神健康、社会健康等。当今社会应将健康教育的指导重点放在教师向学生传播知识的态度、教授的行为和技能上。这样，知识更容易被应用到态度积极和有益的行为改变中。当今的健康教育指导使用了比以往更多的技能主导的方法。基于技能的健康教育结合了知识、态度和技能的发展，利用了各种学习经验并强调参与性。生活技能是当代健康教育的重要组成部分。生活技能是一组社会心理能力和人际关系技能，可帮助青少年批判性地思考，做出明智的决策，解决问题，更有效地进行沟通，以及以健康且富有成效的方式管理自己的生活。在教师进行健康教学之前，教师必须对儿童的成长和发展有一个充分的认识，并对其健康行为变化的背景有所了解。

成长与发展

在小学时期，儿童在成长和发展方面会有很大的飞跃。这些飞跃包括大脑激素的化学变化；影响协调性的运动发育；受外部因素（如营养不良、慢性压力、缺少锻炼机会等）影响的身体发育。这里有一个受外部因素影响的例子，当孩子经常或长时间受虐待，或者不能与成年人进行良好的互动时，这种慢性压力将损害孩子的整体健康。然而，成年人陪伴孩子可能会使压力降到孩子可以承受的范围之内，从而使孩子保持一个良好的健康状态。持续发展的大脑适应能力是遗传和经验共同作用的结果。教师应该对人类生长发育的过程有一个基本的了解，以便规划和实施适合不同年龄段的孩子的健康教育。

大脑发育和学习

在小学阶段的前几年，儿童主要发展理解能力、语言、协调性、运动技能、记忆力和社交技能。教师可以通过具有创造性和创新性的教学策略来促进这些技能的提高。在运动中加入游戏的环节，更有利于新知识的学习。孩子需要大量的机会来记住学习的内容。教师可以将弯曲、旋转、平衡及其他形式的非运动性活动融入课堂环境，使学习更具吸引力。采用押韵、放音乐和讲故事的形式也是非常有趣的，这些形式可以在孩子的大脑里生成更多的学习路径，便于知识积累。

在小学阶段的后几年，儿童的大脑活动主要集中在大脑的后部区域——听觉、视觉和触觉功能的区域。动手操作的学习经验，如学习实验和小组集体项目，对这个年龄阶段的孩子特别有益。同时，此年龄段的孩子对同伴之间的交流更感兴趣。与同学保持友好关系的儿童，会较少有孤独感和消极情绪，也更享受在学校的时间。在教学过程中，教师可以为他们提供团体互动的机会，例如，给他们设定一个场景，让他们在小组中演示解决问题的方案。教师还可以为孩子创造做选择的机会，并让他们解释自己的理由。

额叶在青春期早期不断发展成熟。假设儿童在家里和学校都得到，使其能够健康成长的支撑，他们会变得更能管控好自己的行为以及选择更容易为他人接受的反应方式，而不是采取最原始的行为（如打架和争吵）。青春期的儿童开始通过别人的眼睛看世界，并且他们会在逐步融入同龄人和周围环境的过程中变得更好。教师在帮助家长和青少年理解这一点上有独特的作用。如果你正在教导青春期之前的儿童，应着重发展他们的推理能力和语言思维能力。

体育运动可以帮助孩子学习

孩子们通过参加体育运动可获得更好的学习效果。孩子作为感官学习者，应该多参加运动，发挥他们的想象力，从而让他们的肌肉参与进来。所有这些运动都应该以一种安全的方式进行，让孩子们的身心完全投入。小脑负责人体的平衡、姿势和肌肉协调，同时涉及记忆、语言和决策。当它与运动联系在一起时，信息更容易被回顾和保留。运动可以开发小脑并增强通向大脑感知区域的神经通路。有一本书专门介绍了一些活动，有助于孩子们边运动边学习，书名为 *Active Bodies, Active Brains: Building Thinking Skills Through Physical Activity*（2006），作者为玛丽·艾伦·克兰西（Mary Ellen Clancy）。该书为想要帮助学生们成为更好的运动者和学习者的教师提供了明确的指导。它详细解释了当前已知的运动与学习相关的理论，介绍了一些可以促进学生们增强这种关联性的体育活动。

随着额叶日渐发育，青春期之前的儿童会开始考虑他们的行为及行为将带来的后果。需要注意的是，这个阶段他们也更容易冒险和冲动。这种行为与激素的变化以及大脑特定区域的成熟有关。关注这些发育变化并采取相应措施可以大大提高学生在课堂上的学习质量。

身体发育与健康

小学阶段的儿童会经历一个奇妙的转变过程，这不仅体现在大脑的化学变化和发育方面，也体现在身体发育方面。意识到孩子的下列身体变化对教师来说非常重要，它会影响孩子的自我认知、关系发展和学习状态。

- **身高和体重。**男孩和女孩的第一个快速成长期是婴儿期。到了5岁~7岁他们的身体发育会比较稳定。大多数权威报告显示，青春期快速成长的开始年龄大概是女孩的9岁和男孩的11岁。女孩通常在14岁左右发育到顶峰，而男孩则要到16岁左右。当发育完成后，体重趋于稳定。青春期孩子的身材比例也会发生变化，女孩的臀部会变宽，男孩的肩部会变宽。

- **肌肉的生长发育。**一些健康数据显示，5岁~12岁的男孩略微比同龄的女孩强壮一些。在青春期之前，这种差异可能是一些社会因素引起的，而与生理机能无关。男孩更倾向于从事体育活动（如摔跤、跑步和跳远），从而促进整个身体力量的增长，而女孩通常喜欢安静的活动（如玩玩具娃娃、玩过家家游戏和读书）。一旦到了青春期，男孩开始在肌肉力量方面有明显的增长，而女孩开始增加脂肪。

- **身体成分。**身体成分是指一个人的体重中非脂肪成分或脂肪成分的相对量。如今，美国肥胖症儿童的数量正以惊人的速度增长。通常，肥胖儿童难以完成简单的运动任务，如跳绳、爬楼梯和爬山。因此，他们更容易受到嘲弄，更难交到朋友。身体成分是由遗传因素和外界环境共同决定的。体重超标的孩子有70%的可能性会在成年后继续面临体重超标或肥胖。如果父母中有超过一人体重超标或肥胖，这个可能性将会提高到80%。成年人体重超标可能导致很多的疾病，如糖尿病、高血压、高血脂症、哮喘、关节炎等，甚至使整体身体状况变差。不同的儿童在成长模式方面往往各不相同。高脂肪体质的孩子会比正常青春期的孩子发育得更快。身体发育时，身高和体重会发生变化，身体脂肪和肌肉也会发生变化，不同性别之间也存在差异。父母应把孩子的体重和身体成分作为衡量健康的重要指标，并且确保定期检查，以正常儿童的生长发育轨迹为参照，看看自己的孩子的体重和身体成分是否处于合理的范围内。

- **骨骼的成长。**儿童的骨骼是不成熟的，会根据年龄、营养、压力及大脑化学激素的相互反应等因素以不同的速度成长。当孩子到了青春期，骨骼的成长开始加速。在青少年时期，身体的运动可以加速骨骼的成长，特别是进行一些负重的运动。儿童时期的运动对一个人的骨骼健康有重要的影响，这种影响会伴随他一生。身体活动是骨矿化（矿物质积淀对骨密度和骨强度有重要影响）的有力刺激因素。与成年人相比，儿童和青少年更易受到不同类型

儿童时期的运动对一个人的骨骼健康有重要的影响，这种影响会伴随一生。

的伤害，并且容易遭受与成长相关的疲劳性伤害。一旦孩子反映受到了伤害，教师应该联系孩子的父母，并建议他们到卫生服务部门进行检查，以排除关节和生长板损伤的可能性。

教师了解人类生长发育的基础知识后，下一步是熟悉改变健康行为的机制。

改善健康的行为

健康行为简单来说就是人们做出的影响健康状况的选择。这些选择包括消极的行为和积极的行为。积极的行为包括多吃蔬菜和水果、经常洗手、保证每晚8小时的睡眠和定期锻炼身体等。所有这些行为都会改善健康状况。健康教育借鉴了心理学和教育领域的理论并将其应用于健康行为。

将健康行为的理论应用到儿童身上时，必须考虑到儿童是其成长环境的产物，如他们的很多健康选择都是源于父母的示范。儿童对食物的购买、成人监督、住房环境、社区犯罪率、就寝时间、汽车座椅的使用，以及定期看医生的时间安排几乎没有或根本没有控制权，因为父母和监护人通常会控制这些因素。

如何在一个对健康无益的家庭环境中实施积极的健康行为呢？为了获得对积极健康行为的支持，家长必须参与这个过程，而且小学教师和家长必须是双向的伙伴关系。教师应鼓励家长履行基本义务，同时也要鼓励家长参与学校卫生项目、家庭学习活动、健康政策的宣传活动。健康行为的改变是一个合作和授权的过程。

影响人类行为的一个基本因素是自我效能感。自我效能感是人们对自己是否具有完成任务和实现目标的能力的自我判断。自我效能感在人们的思想、情感和行为方面起着至关重要的作用。具有强烈自我效能感的学生会更加愿意用困难的任务来挑战自己，并且其内心有无穷的动力。这些学生会投入很多的时间和精力来完成任务，同时他们通常会把失败归因于自身可以掌控的事情上，而不是归因于他人。自我效能感强的学生会很快地从挫折中站起来，并实现其个人目标。相反，自我效能感差的学生往往认为自己不能成功，并且不太愿意付出必要的努力来实现目标或完成任务。这样的学生的想法往往比较消极，以致他们在学业上表现不佳。学校应该提供良好的平台供学生学习知识，培养社会技能，解决问题，与同学进行沟通交流和建立人际关系。在社会中，自我效能感的差异表现得更加明显。自我效能感强的人在与同龄人的相处中表现得特别自信，相反，自我效能感差的人可能会感觉不被他人接受，从而选择逃避。

影响自我效能感形成的因素主要有以下4个。

- 掌控经验。
- 替代体验。
- 言语劝说。
- 情绪状态。

教师可以采用多种策略来帮助孩子们建立强烈的自我效能感。例如，演讲或考试的成功可以提升孩子的自我效能感（掌控经验的例子），同时其失败感会慢慢消融；看到同龄人成功地完成一个任务也可以增强对自我能力的肯定（替代体验的例子）；教师可以通过赞美和积极反馈来引导孩子完成任务，或者鼓励他们竭尽全力完成健康目标是增强儿童自我效能感的另一种方法（言语劝说的例子）；积极的情绪鼓励可以发挥显著的作用（情绪状态的例子）。教师可以通过减轻紧张情况和减轻对考试与演说等事件的焦虑感来帮助孩子们。学校、家长和教师的共同努力会对孩子的自我效能感的提升产生重要的影响。健康教育的目的是通过促进知识获取和所需技能的发展，来提升学生的自我效能感，从而实现和保持健康的行为。

所以，自我效能感强的孩子更容易实现他们的目标——这里指的是与健康相关的目标。另一个影响健康行为选择的重要因素是儿童可以看到的模范效能。社会认知理论（SCT）是一种心理模型，其重点在于学习那些发生在社会环境中的想法、观念和行为，通过观察习得大部分内容。社会认知理论遵循关于学习和行为的一些基本假设。第一个假设被称为相互决定因素，即个人、行为和环境因素以双向方式相互影响。所以，一个人的行为是认知、行为和环境因素之间持续相互作用的结果。第二个假设是人们可以有目的性地影响自己的行为和周围的环境。第三个社会认知理论的假设是学习可以在行为没有立即改变的情况下自然而然地发生。社会认知理论的优势在于它为提升学生的学习能力提供了一个课堂干预的框架指导。所以，如果学生看到教师在休息时间绕着跑道散步，在午餐时间喝水和吃水果，他们会更有可能采取相同的健康行为。

自我效能感和社会环境可以成功地推进健康行为的形成，但除此之外，教师还要了解一个好的健康行为的形成需要经历哪几个阶段。行为转变的跨理论模型（TTM）是一种基于意愿改变特定行为并对人按阶段进行分类的方法。意愿概念非常重要，因为一个人如果没有做好改变行为的准备，则改变不太可能会发生。表3.1中列出了在行为改变期间人们所经历的不同阶段以及每个阶段的特征。这些阶段可以帮助教师确定什么样的干预是最有效的。例如，如果一个吸烟者没有意识到吸烟会带来严重的健康问题，则他不太可能会立刻戒烟，干预的介入可以从给他提供吸烟会带来负面影响的信息入手，从而帮助他进入下一阶段。

表3.1 改变行为的意愿阶段划分和每阶段促进改变的策略

阶段	特征	策略
产生意愿前	在未来6个月内，没有任何改变的意愿，可能是因为缺乏信息或者在过去的尝试中失败过	■ 了解体育运动的更多益处 ■ 意识到缺乏运动可能会影响到所爱的人和事 ■ 讨论喜欢的体育运动以及这些运动可以在社区的哪些地方进行 ■ 每月重新评估阶段
有意愿	在未来6个月内愿意做出改变，已经意识到改变的利弊	■ 列出不改变行为的利弊 ■ 列出体育运动的障碍及可能的解决方案 ■ 在日常的生活中通过做出小小的改变来逐步适应体育运动 ■ 记录日常活动 ■ 每月重新评估阶段
准备	计划在1个月内开始行动，并有了行动的方案	■ 分析活动日志，计划每天用15分钟时间用于体育运动 ■ 列出喜欢的运动，然后找出有相似爱好的朋友或同学 ■ 与父母讨论当你达到目标时，他们怎样奖励你 ■ 每月重新评估阶段
行动	计划在连续6个月内改变行为，存在放弃的高风险	■ 保证每天至少运动30分钟 ■ 尝试可能喜欢的新的运动方式 ■ 回顾参与体育活动后体现出来的自身的提高 ■ 每月重新评估阶段
维持	成功地改变行为达6个月或更久，较少动摇，更有信心	■ 订立一份计划，继续为体育活动设定短期的目标 ■ 讨论若不能达成目标，将如何处理 ■ 找到一些充满乐趣和新鲜感的体育运动方式
终极	没有诱惑，100%的自我效能感	

思考一下你想改变的健康行为。你是否愿意加强锻炼、增加水果和蔬菜的摄入，或者减少盐分的摄入？通过表3.1可以确定你正处在哪一阶段，以及怎样做可以推动你进入下一阶段。教师可以通过行为转变的跨理论模型来吸引和帮助学生做出健康

行为的改变。例如，在给学生做了阶段的划分之后，可以将表3.1作为参考，引导学生进入下一阶段以增加他们的身体活动。

人们在不同时期有不同的动机去实施积极的与健康相关的行为，而态度可以影响这种情况。计划行为理论能够预测一个人对某种行为的态度将如何影响其参与该行为的意图。健康教育者认为，行为往往是通过意图来建立的，是由对行为的态度（好或坏）、主观规范（对执行或不执行行为的社会压力的感知）以及感知行为控制（对执行行为难易度的感知）决定的。例如，约翰打算为减肥而改变的行为基于3个因素：他对该行为态度的改变、朋友和家庭的主观规范，以及约翰认为他是否可以控制减肥的过程和结果。如果约翰试图减肥，他必须相信健康的饮食和运动会使他的体重下降。他也必须相信减肥之后，他的状态看起来会更好。主观规范如何影响他的决策和他对于他人建议的遵从是影响约翰意图的另一个因素。如果他的朋友和家人有健康意识，并希望他减肥，他更有可能健康饮食并进行锻炼。最后，约翰必须认为他有能力完成减肥所需的任务（自我效能感）。根据计划行为理论，态度、意图、主观规范、感知行为控制和自我效能感是影响健康行为改变的主要因素。这些因素在其他一些健康行为理论里密切相关并相辅相成。

健康信念模型（HBM）是一种通过关注人们的信念和态度来预测和解释健康行为的心理模型。该模型表明，人们在健康行为方面对健康问题的信念，对益处和障碍的感知将减少健康问题的发生，并且自我效能感可以解释人们是否会选择提升健康水平的行为。这个模型必须给出行动提示，才能激发促进健康的行为。健康信念模型的具体组成部分可参照表3.2。

表3.2 健康信念模型（HBM）的组成部分

概念	定义	应用
感知敏感性	人们对于改变健康的看法	确定风险人群、风险等级；基于个人特征或行为的个性化风险处理；着重提高感知敏感性
感知严重性	人们对于严重的健康问题及其影响的看法	详述风险和健康问题带来的影响
感知益处	人们相信采取行动可以有效地降低风险或影响	定义采取行动的方法、地点、时间；描述预期可达到的积极效果
感知障碍	人们对于实施建议的行动所需消耗的有形和无形成本的看法	通过保证、激励和帮助的方式来识别和降低感知障碍
行动提示	让意愿付诸实施的策略	提供方法信息、增强意识、给予提醒
自我效能	有信心采取行动	在行动中提供培训和指导

教师可以使用健康信念模型的结构帮助学生对其健康行为做出积极的改变。例如，为了更加敏锐地察觉健康状况，避免严重状况的发生，教师就需要进行关于疾

病患病率和发病率的教育，使学生全面了解家庭健康史，并引证关于疾病后果的实例。教师还可以让学生完成一项活动，如参与健康促进行为的成本效益（优势和劣势）分析。该活动可以提供关于降低患病风险的各种行为的信息，帮助学生描述参与健康行为的动机并识别常见的感知障碍。此外，教师可以给学生提供行动提示，鼓励学生参与健康促进行为。

教育和心理学领域对理解和指导改变健康行为做出了重要贡献。对人类行为有深入了解并能解释其理论的教师可以在课堂上更好地对孩子进行个性化的健康教育指导。

学习方式

学习是为了理解和记住新信息而发生的过程。它体现在人们对社会、环境、情感和身体刺激的反应上。学习方式可以定义为处理信息的方式。

对学习研究的主流解读建立在霍华德·加德纳（Howard Gardner）的多元智能理论的基础之上。加德纳提出了人们以独特且微妙的方式展示出的多元智能学习法，如图3.1所示。

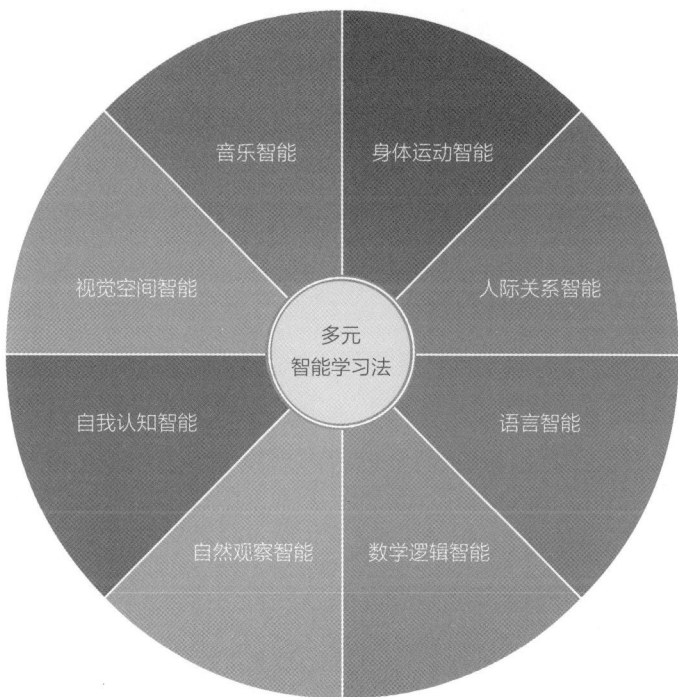

图3.1　加德纳的多元智能学习法

学生的学习方式是多种多样的，而一个能提供多种学习机会的课堂能够增加学生成功的可能性。当教师意识到并告诉学生其学习中的强项和弱项时，学生将从中获益。例如，如果要求写一篇关于1900年以来公共卫生系统的成就的文章，一个数学逻辑思维学习者在写作之前会运用图形组织结构对思路进行分类和组织，以大纲作为图形组织结构的书面版本。然而，视觉空间学习者可能会先绘制或设计每个片段的主题，然后再编写书面草稿，草稿中的细节将成为写作的细节。教师如果了解学生的学习方式，则可以更好地准备适应每个学生学习方式的材料，更好地教学。在规划有效的健康指导时，教师必须考虑到学生学习方式的多样性。有关这些学习方式特征的摘要如表3.3所示。

表3.3　学习方式特征的摘要

类别	类型	特征
身体运动	身体运动智能	学习时如果可以站立或运动，效果要比一直坐着更好
人际关系	人际关系智能	通过与他人分享、与他人比较以及与他人合作会学得更好
语言表达	语言智能	通过阅读、写作、倾听和演讲会学得更好
数学逻辑	数学逻辑智能	通过对逻辑方式、关系和数字进行分类、分析和思考来学习
自然观察	自然观察智能	通过与大自然的亲密接触来学习，擅长科学方面的学习并对环境问题充满热情
自我认知	自我认知智能	通过独立工作和建立个性化目标来更好地学习，这种学习方式独立且有条理
视觉空间	视觉空间智能	通过使用抽象思维绘图或可视化物体会学得更好，这种学习者是优秀的拼写者，若利用图片、图表或其他视觉辅助工具则会学得更好，趋向于快速阅读
音乐欣赏	音乐智能	通过节奏和旋律来学习，特别是唱歌和听音乐；极易被噪声打扰；相对于写字而言，更善于拼读

全面的学校健康教育

毋庸置疑，教师在向学生传授健康知识和促进健康行为方面发挥着举足轻重的作用。研究结果表明，教师上课前在健康教育方面做好准备工作，并在课堂上进行健康教学将会给学生健康行为的转变带来直接和正面的影响。让我们看看，如何为学生们开启一次拥有坚实的健康教育基础的旅途，以增加其提高生活质量以及拥有终身健康的机会。

美国卫生和教育部门一直主张在学校进行全面的学校健康教育（CSHE）。全面的学校健康教育是一门有规划的、循序渐进的健康教育课程，它具有适当的范围和顺序，可以解决心理、情感、身体和社会层面的健康问题，并使学生成长为健康的、有创造力的人。一门优质的健康教育课程能够为学生提供相应的知识、技能和态度来保持或改善健康状况，预防疾病，以及减少与健康有关的风险行为。全面的学校健康教育的另一个特性是它的内容是由受过适当的健康教育培训的人士负责讲授的单独课程。传统意义上的全面的学校健康教育包括10个内容领域，涵盖了健康的全部课程。换句话说，该课程可以指导教师开发课程单元和设计计划，讲授必要的健康主题。课程计划的数量将基于学生的需求以及每个健康课题所需投入的时间来确定。表3.4列出了幼儿园至6年级的10个内容领域和主题示例。

表3.4 健康教育的10个内容领域

内容领域	潜在主题（K~3年级）	潜在主题（4~6年级）
心理和情感健康	表达情感 管理情感 尊重 积极的自我形象 行为榜样 结交朋友 听取他人意见 消化来自同伴的压力 解决冲突 做一个负责任的家庭成员	有效沟通 解决冲突 培养好的性格 做出负责任的决策 善于倾听 行为榜样 对家庭负责 与家庭成员交流 解决家庭中存在的问题 积极的自我形象 关爱自己，关爱他人
促进健康和预防疾病	咳嗽和打喷嚏时捂住口鼻 勤洗手 接种疫苗 体检 刷牙和用牙线清洁牙齿 皮肤护理 安全的日光浴 除虱 眼部护理 耳部护理	注重个人卫生 注重口腔卫生 预防传染病 预防和治疗糖尿病 预防和治疗哮喘 安全的日光浴 降低健康风险 卫生保健服务
促进体育锻炼	安全性 灵活性 体能 心率 伤害预防	通过运动来促进健康 体育运动的好处 对运动水平的影响 发展体能的运动 安全性 灵活性 心血管和呼吸系统健康 热身运动 整理运动 健康的身体成分 伤害预防
促进健康饮食	食品安全 勤洗手 营养学 食物组合 营养品 正餐和零食	消化过程 应遵循的饮食指南 健康的零食 食物的标签 食物的包装 食物的选择

续表

内容领域	潜在主题（K~3 年级）	潜在主题（4~6 年级）
促进健康饮食	购买食物 储存食物 喝水 消化系统	储存食物 膳食计划 营养品 水的重要性 通过食物预防疾病 通过改变行为来改善饮食习惯 预防食源性疾病 保持健康的体重 认识进食障碍
成长和性发育	成长和发育 循环系统 神经系统 呼吸系统 肌肉组织 骨骼组织 尊重自己和他人 家庭角色 身体护理 青春期的情绪波动和心理变化	成长和发育 身体护理用户手册 青春期的变化 身体变化 思想变化 尊重自己和他人 家庭角色 责任感 艾滋病病毒和艾滋病 怀孕和分娩 人类的繁殖
社区和健康消费	查看药品标签 所处的社区 医生 药剂师 护士 医护人员 消防员 警察	做消息灵通的消费者 理智地花费时间和金钱 阅读药品标签 正确使用药物 处方药 非处方药 社区内的健康服务 医疗卫生事业的发展 评估健康信息 提升健康素养
环境健康	减少浪费 循环利用 干净的水资源 清新的空气	人类健康与环境的关系 减少浪费 循环利用 避免空气、水资源和土壤被污染 保护自然资源 节约用水 节约能源 倡导健康的环境

内容领域	潜在主题（K~3年级）	潜在主题（4~6年级）
预防酒精和药物滥用	安全用药 药物安全 非处方药与处方药的差异 危险药物 朋友的选择 设定目标，解决问题	负责任地使用处方药、非处方药 吸入剂 建立保护机制，抵制酒精和烟草 评估酒精和烟草的危害 评估媒体对酒精和烟草的推广 新闻中描述的酒精和烟草 消化同伴给予的酗酒、吸烟的压力
预防故意伤害和暴力	解决冲突 表达情感 管理情绪 尊重 善于倾听他人的意见 自我肯定 榜样的力量 结交朋友 避免动武 对恐吓的处理 对突发事件的应对	与青少年暴力有关的风险和保护因素 预防校园暴力 家庭暴力和虐待 欺凌、网络欺凌 有效的沟通 解决冲突 倾听的方法 榜样的力量 自我肯定
伤害预防和安全问题	系安全带 坐在后座骑行 在紧急情况下的求助 在家里需要注意的安全问题 安全行走 使用好友联络系统 戴头盔 安全用火 安全用水 安全用电 防止被狗咬伤 基本的急救方法	对突发事件的应对 通用的预防措施 安全用火 防止溺水 机动车安全 独自在家的安全问题 安全行走和安全骑自行车 在紧急情况下用电话求救 在恶劣天气和自然灾害中保护自己 在炎热和寒冷的天气中预防疾病

健康教育面临的挑战

虽然学习成绩与学生健康之间存在着紧密联系，但健康教育在很多课堂中并没有被重视。目前很少有国家要求并支持全面的学校健康教育。由于种种原因，大多数国家会使用现有的学科教师、体育教学工作者、学校护士和学校社区内的其他专业人士来教授健康教育内容。大多数小学教师认为健康教育是一个重要的学科，并且很乐意进行这样一门课程的教学，但他们不能提供持续的健康指导，也没有经过适当的培训。教授健康内容的教师通常不会教授初级预防知识，只会解决学生的迫切需要，如远离欺凌、减少细菌和正确洗手。由于学校必须保持核心学术成绩的通过率，因此他们会花更多的时间在这些需要的领域上，包括健康教育和体育在内的课程通常不被重视或仅流于形式。健康教育的最大障碍是缺乏时间，健康教育的时间经常被用于数学等核心学科的学习。小学教师的报告中指出，进行健康教育的主要障碍包括缺乏足够的规划时间、适当的健康教育课程的资源和资金。进行健康教育的最终挑战可能是来自社区内与健康教育目标相关的价值取向。

健康教育辅导员

当今，越来越多的科学机构针对优质的健康教育课程进行了研究，这些研究着重关注了教学职能知识，塑造并支持了与健康行为有关的个人信念和社会规范，同时实践和发展了维护健康行为所需的技能。图3.2列出了可作为良好K-12健康教育规划基础的内容。

小学教师可以根据学生的需要和兴趣来规划、实施和评估健康指导。健康教育包括很多组成部分，这些组成部分可以确保其有效地进行。健康教育不仅关注健康行为的结果，还涉及群体规范、社会影响和同伴压力。不仅要有足够的教学时间让学生学习，还要有足够的时间让学生练习和强化技能，这样他们才能综合运用所学知识。这种做法也有助于学生建立自我效能感、自我倡导和对社会环境的信心。小学教师应注意提供适合不同年龄段的学生的学习资料和健康信息。此外，教师应使用一些策略，使健康信息更具个性化、吸引力和

文化敏感性。不断地提升自我的教师才能持续、有效地进行健康指导。

小学健康指导应以技能为基础，合理发展，确保教学内容的一致性，这也是健康教育的基础。提供健康指导的前提是做好健康内容和教学方法的前期准备，而教师的准备工作是保障健康教育成效的关键。政策和管理支持对于健康教育工作至关重要。推动健康教育实行的另一个关键因素是确保教师掌握与健康有关的资源，并了解如何将健康内容融入其他核心学科领域。这样做可以节省宝贵的规划和教学时间。社区健康专业人士和专家是潜在的健康教育辅导员，可以邀请他们担任课堂上或家长教师组织会议中的教学顾问或演讲嘉宾。

小结

小学教师提供的健康教育对于学生健康水平的提高和学习进步至关重要。健康教育是一系列经验的积累，可以帮助学生获得做出正确的健康决策所需的技能和信息。为了实施有效的健康教育，小学教师应该了解学生的成长和发展状况以及与健康行为有关的理论。健康指导、健康行为和学业成绩这三者是密切相关的。全面的学校健康教育是一门有规划的、循序渐进的健康教育课程，涉及健康的10个领域的内容：心理和情感健康、促进健康和预防疾病、促进体育锻炼、促进健康饮食、成长和性发育、社区和健康消费、环境健康、预防酒精和药物滥用、预防故意伤害和暴力、伤害预防和安全问题。小学教师有责任对学生进行健康教育，在此过程中可能会遇到各种阻碍因素。

重点关注明确的健康目标和相关行为结果。指导策略和学习经验会直接影响行为结果。

采用以理论为基础、以研究为驱动的方法。指导策略和学习经验建立在能够影响青少年健康的相关行为的理论方法（如社会认知理论和计划行为理论）的基础上。最有前景的课程将超出学生目前的认知水平，并且涉及影响特定健康相关行为的健康决定因素，如社会、态度、价值观、规范和技能等。

培养个人的态度、价值观和信念。培养支持积极健康行为的态度、价值观和信念。它提供了教学策略和学习经验，激励学生批判性地审视个人观点，全面地考虑了支持促进健康的态度的新论据，以及对预防行为和健康风险行为的看法的积极认识。

实施支持促进健康行为的个人和团体规范。提供教学策略和学习经验，帮助学生评估同伴的健康风险行为水平，纠正对同伴和社会规范的误解，强调身体健康的价值，强化促进健康的态度和信念。

加强保护因素，增加对个人风险、参与不健康行为的危害的认识。为学生提供机会来确定积极的、可促进健康的信念、意图和行为。为学生提供机会来评估健康问题和参与不健康行为的实际风险，并对不健康行为进行曝光。

分析社会压力和影响。为学生提供机会来分析参与健康危险行为的个人所受到的社会压力。

通过学习技能来培养学生的个人能力、社会能力和自我效能感。培养基本技能（如沟通、拒绝、评估信息、决策、设定目标、自我控制和自我管理等）可以让学生树立自信，学会处理社会压力、规避或减少健康风险行为。

提供实用、准确的基本健康知识，确保这些知识有益于直接促进健康决策和行为。为特定用途提供准确、可靠的知识，以便学生能够评估风险，明确态度和信念，纠正对社会规范的误解，找出规避或最小化风险的方法，认识内部和外部的影响，以及在做出相关行为的决定的同时培养个人和社会能力。如果我们只是为了获得更真实的知识，则提供这些知识的课程将不会改变行为。

制定旨在让信息个性化并吸引学生的策略。制定以学生为中心的互动和体验式教学策略。学习体验与学生的认知和情感发展相呼应，可以帮助他们个性化地汲取信息，保持兴趣和积极性，同时适应不同的学习强度和教学风格。

提供适龄且合理开发的信息、学习策略、教学方法和材料。满足学生的需求、兴趣、关注、发展和情感成熟度，以及他们当前的知识和技能水平。学习是相互关联的，并且应适用于学生的日常生活。

纳入具有文化包容性的学习策略、教学方法和材料。材料中应没有文化偏见的信息，但可以含有不同文化和生活方式的信息和活动（如性别、年龄、身体素质、心理素质和外表等）。

为指导和学习提供充足的时间。提供足够的时间来促进对重要健康概念和实践技能的理解。行为改变需要持续努力。一学年只有短短几小时的课程通常不足以支持健康行为的真正接纳和保持。

提供机会强化技能和积极的健康行为。以现有的学习概念和技能为基础，提供机会来提高涵盖健康主题和年级一水平的健康技能。它可以包括一个以上的技能的实践应用，在后续年级中增加技能提升课程，或找机会将技能应用整合到其他学习科目中。

图3.2　健康教育规划的内容

提供与"关键人物"建立积极联系的机会。帮助学生联系"关键人物",以培养和强化其健康行为并培养规范、态度、价值观、信念。教学策略建立在促进健康行为的预防因素的基础上,使学生、家长和其他积极的社会角色模型融入学生的学习中,避免或减少有健康风险的行为。

公开教师信息和专业发展计划,提高教学和学生学习的效率。由自身有兴趣促进积极健康行为的教师引导,教师应该精通他们所传授的内容,并能轻松熟练地执行制定教学策略。专业发展和继续教育培训对于帮助教师实施新课程或新教学技能策略至关重要。

改编自 : Centers for Disease Control and Prevention, *Characteristics of an effective health education curriculum*.

图3.2(续) 健康教育规划的内容

复习题

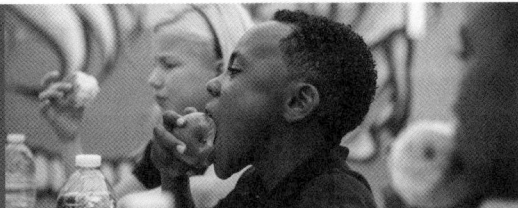

1. 描述儿童时期正常的生长和发育状况。

2. 选择一个可以改变你自己的健康行为，并思考如何利用本章介绍的其中一个理论来实现这个目标。

3. 什么是自我效能感？它会怎样影响健康行为？

4. 为什么健康教育很重要？

5. 假如你是1年级的教师，当你试图在课堂上进行健康教育时，你会遇到哪些障碍？如何克服这些障碍？

6. 列出全面的学校健康教育的10个内容领域，并针对每个内容举一个例子。

第4章

体育教育

目标

- 定义体育活动。
- 列出参与体育活动的好处。
- 定义体育教育。
- 描述优质的体育教育课程。
- 定义身体素质。
- 了解5项K-12体育教育国家标准。

运动对记忆、情绪、语言和学习而言至关重要。所谓的更高级的大脑功能是从运动中演变而来并依赖于运动的。

——约翰·瑞迪（John Ratey）

优质的体育基础课程是孩子健康教育的关键组成部分。美国的小学课程包含了提高孩子知识或思想的科目，但是往往忽略了孩子身体素质的提高，这也影响了孩子的心理健康。如果学校希望孩子掌握生活必需的技能，并将其运用在生活中遇到的所有挑战中，就应当注重孩子的心理健康和身体健康的平衡。

今天的体育教育与几年前截然不同。除了要培养孩子的运动兴趣、体能和社交技能外，如今的体育课程还包括组织增强理解能力的游戏、跨学科活动、攀岩，以及使用技术装置来增强学习能力等内容。为保持终身运动所需的技能是重中之重。作为任课教师，你需要知道什么是优质的体育教育课程，以及如何教导孩子。

定义体育活动

孩子们需要体育活动。人的身体就是用来运动的。任课教师必须思考如何安排课程，才能让孩子不再全天候坐在教室中，并为其创造出积极的学习环境。现在是时候开启积极的体育教育了。

体育活动是指会消耗能量的任何身体运动（SHAPE America, 2015）。体育活动可以是任何运动，包括跳舞、跳跃、爬树、骑自行车、玩捉迷藏、遛狗、洗车和徒步旅行等。体育活动是很容易实现的课堂补充活动，具有诸多益处。

学生进行体育活动的好处

定期参加体育活动对学生有很多好处。除了可以提高生活质量和获得健康方面的好处外，经常进行体育活动的学生会有更好的课堂表现、更高的心理警觉性和更强的自尊心。因此，鼓励所有学校都增加学生的体育活动是非常重要的。当然，最有可能引起学校管理者关注体育活动的原因是增加学生的体育活动可以提高学业成绩。

约翰·瑞迪博士是哈佛大学临床精神病学的知名专家，也是大脑研究学者，他撰写了一本关于运动和大脑的书。在 *Spark: The Revolutionary New Science of Exercise and the Brain*（2008）一书中，瑞迪博士将运动描述为优化大脑功能的强大工具。他表示，运动会提升脑源性神经营养因子（BDNF）的数量。脑源性神经营养因子是一种支持神经元存活并促进大脑突触生长的蛋白质，这种蛋白质对学习、记忆和更高级的思考至关重要。其他研究表明，学校体育活动与体育教育对于提高学生的注意力和考试成绩都有积极的作用。

建议

根据美国健康和公共事业部发布的《美国人体育活动指南》，儿童和青少年每天应进行60分钟以上的日常体育活动（2008）。对整个学校而言，最好的办法是在课前、课中和课后进行60分钟的体育活动。学校应

体育活动对学业成绩的积极作用

有越来越多的证据表明，体育活动能为学业成绩带来积极影响。有研究表明，参加体育活动后，孩子们能够更好地将注意力集中在学习任务上，并且能更快、更准确地完成学习任务，从而促进学业成绩的整体进步。

根据建议的体育活动时长制定计划, 提供体育活动的计划, 并根据推荐的活动时长提供高质量的日常体育课程。

为了满足进行60分钟的体育活动的要求, 学校应实施全面的学校体育活动计划 (CSPAP)。该计划是一套系统的方法, 在此方法下, 学校可以提供5种不同的机会使学生达到推荐的日常体育活动时长, 培养学生拥有终身体育锻炼的知识、技能和信心。全面的学校体育活动计划的5大组成部分包括优质的体育教育, 上学期间的体育活动, 上学前和放学后的体育活动, 教职工参与的体育活动以及家庭和社区参与的体育活动。

该计划旨在让整个学校参与全面的学校体育活动计划中的 "让我们动起来! 充满活力的学校" (LMAS) 计划。"让我们动起来! 充满活力的学校" 是学校参与者 (教师、行政管理人员、家长) 用于创造充满活力的环境的一项综合性计划。一个有活力的学校应使学生每天在上学前、上学期间和放学后进行至少60分钟的体育活动。"让我们动起来! 充满活力的学校" 提供了参与全面的学校体育活动计划的5大重要组成部分的机会和清晰的指导路线, 通过简单的6步即可满足5大组成部分中的目标。这一过程有助于学校参与者创建团队、制定计划、获得免费资源和课程材料, 以及获得实现自身目标的必要帮助 (Let's Move! Active Schools, 2013)。

定义体育教育

体育教育与体育活动不同。美国健康与体育教育者学会 (2015) 表示, "体育教育是指提供有计划的、有顺序的、基于K-12标准教学计划的学术科目, 旨在培养运动技能、知识和行为, 以促进学生的健康水平、积极生活的态度、体能、运动精神、自我效能和情商的发展"。学校的高质量体育课程可以帮助学生培养终身体育锻炼的习惯, 从而改善学生的健康状况。体育课程的目标是 "提高人们的身体素质, 使其具备知识、技能和信心, 进而享受健康体育活动所带来的美好人生" (SHAPE America, 2014)。接受过身体素质教育的个人会学会参与各种体育活动所必需的技能; 会了解参与各种体育活动的意义和好处; 会定期参与体育活动; 会变得身体健康并重视体育活动及健康的生活方式。

优质的体育教育课程有4个基本要素。

- 政策与环境。
- 课程。
- 适当的指导。
- 学生评估。

具体来说, 政策和环境是指每周提供150分钟的学时, 由合格的体育教育专家提供适当的设备和设施进行的有计划的课程指导。课程包括一份关于学校或学区如何实现标准成果的书面计划。适当的指导是指让所有学生都能有充足的实践机会参与设计良好的、能促进学生学习的课程。优质课程还包括整个课程中的学生评估。这些评估应符合美国国家标准和K-12体育教育以及计划评估的国家标准 (SHAPE America, 2015)。

发展适应性

教导学生提高水平说起来容易, 但做起来难。教师必须不断地对教学内容做出调整，使课程进度合情合理（Graham, 2008）。这和在课堂上讲授学习课程很类似，同时，学生掌握的技能也差异巨大。教师的工作是为学生规划适当的活动，并使他们觉得活动不会太难也不会太容易。这个任务是有挑战性的，但是解决了这个问题将有利于创造一个更好的学习环境。如果你需要资源，请参见"合适的体育教育资源"。

身体素质

素质是用于表示基础知识、理解、阅读和写作应用的通用术语。著名的教育家玛格丽特·怀特海（Margaret Whitehead, 2001）提出了"身体素质"这一术语。身体素质是指在有利于人体健康发展的多种环境中进行各种体育活动的能力和信心（Mandigo et al., 2012; Whitehead, 2001）。2013年，美国健康与体育教育者学会增加了"接受过身体素质教育的个人"这一术语，以取代美国《K–12体育教育国家标准》中的"受过体育教育的个人"。

学校可以通过提供优质的体育教育来提高学生的身体素质。学生需要在各种体育活动中具有能力和信心并进行运动。实现这一目标的最佳方法是让小学聘请经过培训的、具有学位认证的体育教师来为学校提供优质的体育课程。体育教育工作者需具备必要的知识并经过专业的培训，熟练掌握教授基本技能和运动概念所需的关键技巧。要提高小学生的身体素质，体育教师和课堂教师必须展开协作。如果学校没有经过认证的体育教育者，课堂教师就应为学生提供体育教育。要承担起这份责任就意味着，课堂教师必须了解和理解美国的5个K–12体育教育国家标准。

运动发展是标准1和标准2的总体目标；健康发展是标准3的目标；社会发展是标准4和标准5的主要目标，优质的体育课程涉及所有5个标准。

标准1

标准1指出，"接受过身体素质教育的个人能够展示出熟练运用各种运动技能和运动模式的能力"（SHAPE America, 2014, p.12）。接受过身体素质教育的个人应具备的基础技能包括基本技能（非运动和非操作技能、运动和转移技能、操作技能）和运动概念。非运动和非操作技能是指不需要从一个地方移动到另一个地方或只使用手的技能。它们包括扭转、原地转动、倾斜、伸展、卷曲、弯曲、摆动、平衡和身体重心转移等。运动和转移技能是指将身体从一个

合适的体育教育资源

以下资源能帮助教师为学生规划适当的活动。

- 《体育活动的最佳实践：帮助孩子健康成长的指南》
- 游戏与儿童学习

为残疾学生设置体育活动课程可能是一个挑战。在设置过程中，教师可以参考《探索包容性体育教育：教育工作者手册》。

地方移动到另一个地方，包括步行、慢跑、快跑、单脚跳、双脚跳、跳绳、跳跃、滑动、跨越、追逐、逃离和躲避。操作技能主要涉及手脚的使用，但也可以使用其他身体部位，包括投掷、接球、踢球、运球和击球等（Graham, Holt/Hale & Parker, 2012; Pangrazi & Beighle, 2013）。

运动技能和运动模式教学的最佳实践方法是将每个技能的每个阶段（准备、执行和后续）分解成关键要素。关键要素是运动技能的重要组成部分。教师可以使用适当的技巧来帮助学生关注关键要素并正确练习技巧。这种方法的两个例子如表4.1所示。

表4.1　跳绳和投掷各阶段的关键要素与提示

阶段	关键要素	提示
跳绳		
准备	■ 眼睛平视前方，身体向前倾 ■ 脚与双肩齐宽	
执行	■ 单脚站立，然后跳跃，换另一只脚站立并重复此动作 ■ 在跳跃时，摆动站立的脚对侧的手臂	脚步 跳跃
后续	■ 前脚掌轻轻着地；跳绳是一项连续进行的体育活动	
投掷		
准备	■ 投掷臂保持L形姿势 ■ 扩胸，将非投掷臂的手肘对准目标	L形 扩胸
执行	■ 迈步，脚趾发力 ■ 缩胸	迈步 缩胸
后续	■ 将手臂交叉并置于身前 ■ 重心落在前腿上	

教师可以创建自己的关键要素图表并将其作为讲义，或者将图表张贴在教室、体育馆或操场。使用这种方法来教授技能可以让教师和学生在技能指导过程中注意特定的关键要素。它还有助于提供反馈和评估，从而改善技能的特定元素。

对技能进行分析并将其分解为关键要素和线索后，教师需思考常见的错误表现以及纠正这些错误的方法。教师需要做好学生在使用运动技能时可能出错的思想准备，考虑可能出现的错误和可行的解决方案，从而营造良好的学习环境。表4.2列出

了常见的错误和改正错误时应考虑的一些要素。

例如，教师可能会注意到，一些学生在跳跃时不摆动手臂。这是因为学生缺少一个或多个重要的技能要素，所以补救的方法是将技能分解成不同部分（见表4.2的第一行）。你可以重复提示关键要素，例如对学生说："跳跃。"接下来进一步分解技能，使学生对技巧进行慢动作训练。技能的分解可以使学生在慢动作中将注意力更多地集中在摆动手臂上。在学生准备进行投掷但迈步姿势不对时，教师可以重复提

表4.2 常见错误及改正错误时需考虑的因素

常见错误	考虑的因素
缺少一个或多个技能要素	将技能分解成几部分
设备造成的问题（太大或太小、太轻或太重）	调整设备
由于距离（太远）打不中目标	缩短空间距离
由于距离（难度高）打不中目标	改变训练的目标
由于小组规模太大或太小，难以完成目标	减少或增加人数
防守队员使练习过于困难	改变练习的条件
缺少得分	改变规则或取消守门员

示关键要素，如"迈步"。进一步分解技能，让学生把重心放在动作需要的支撑腿上，以此纠正错误。

作为教师，如果你在教授学生技能前仔细考虑他们可能会犯的错误，并列出每个技能的几处错误，这样将更好地帮助学生纠正错误。

确定技能的关键要素和可能出现的错误后，教师应计划好技能的教学进度。在完成所需的教学进度后，教师应确定并检查学生的进度。教师可以使用任务挑战或评估来检查学生的进度。表4.3中的示例将有助于教师更有效地准备课程。

教师需要注意到所有运动技能和运动模式的范围和顺序，即美国国家标准《K-12体育教育国家标准和年级—水平指标》（SHAPE America, 2014）。

通过考察K~5年级—水平指标，如表4.4所示，可以了解标准1中的运动技能的顺序。标准1的S1.E1结果适用于单脚跳、快跑、跑步、滑动、跳绳和跳跃。请注意，根据标准1，所有幼儿园学生都应该被教授大部分的运动技能，然后在以后的年级中将技能掌握纯熟。1年级结束时，应掌握单脚跳、快跑、慢跑和滑动；2年级时掌握跳绳；3年级时掌握跳跃。这个表格对所有的教师来说都是一个非常好的资源，因为它详细描述了培养学生的良好体育素质所需的所有技能的范围和顺序。

标准2

标准2指出，"接受过身体素质教育的个人能够应用与运动和运动表现相关的概念、知识、原则和策略"（SHAPE America, 2014）。运动概念非常重要，可以分为以下3类。

- 空间意识。
- 努力。
- 关系。

在运动技能指导过程中，对运动概念的理解和应用是非常重要的。

课堂教师可以轻松理解空间意识（身体移动）的概念，教师可以从以下几个方面解释空间意识这个概念。

- 位置（自我空间、普通空间）。
- 方向（前或后、左或右、上或下、顺时针或逆时针）。
- 水平（低、中、高）。

表4.3 跳绳和投掷的教学进度与评估示例

步骤	教学进度（基本技巧—练习—游戏）	挑战和评估
跳绳		
1	面对着移动和练习的方向，单脚站立，然后跷起脚尖	学生能否正确站立和跷起脚尖
2	在步骤1中增加跳跃	学生能否正确迈步、跳跃
3	在跳跃过程中，注意双臂向相反的方向摆动	学生能否正确地摆动双臂，同时进行正确的跳跃动作
4	采用长迈步、高跳跃、动作幅度夸张的跳绳法	学生能否使用正确的方式跳绳，使用适当的技巧增加每次跳绳的移动距离
5	采用短迈步、低跳跃的快速跳绳法	学生能否使用正确的方式跳绳，使用适当的技巧提高跳绳的速度
投掷		
1	使用L形姿势，手臂做好投掷的准备	学生能否明白L形姿势与不正确的V形姿势之间的不同
2	舒展身体，将非投掷臂的肘部指向目标	学生能否扭转身体并做好舒展姿势的准备
3	将球投掷到一个固定目标上，注意与投掷臂相对的迈步姿势	学生能否运用L形姿势并迈步
4	将球投掷到一个固定目标上，收缩两肩和躯干以产生合适的力量	学生能否以正确的方式投中固定目标 当学生总能投中目标时，增加学生与固定目标的距离
5	使用正确的方式将球投向移动的目标	学生能否以正确的方式投中移动的目标 当学生总能投中目标时，增加学生与移动目标的距离

- 路径（直线、弯曲、锯齿形）。
- 扩展（小或大、远或近）。

为了帮助学生了解自我空间，教师可以让他们在不干扰他人自我空间的情况下，通过各种方式来理解前面提到的所有术语（Graham, Holt/Hale, & Parker, 2012; Pangrazi & Beighle, 2013）。

努力类别中的运动概念包括身体的运动方式。努力类别的重点是运动的质量。努力概念（Graham, Holt/Hale, Parker, 2012; Pangrazi & Beighle, 2013）包含如下内容。

- 时间（长或短）或速度（快或慢）。
- 力量（大或小）。

- 连贯性（受限或自由）。

关系类别中的运动概念包括运动与身体的关系、运动与物体的关系以及运动与人的关系。运动与身体的关系包括圆（曲线）、有限、张大、扭动、对称或不对称等；运动与物体的关系包括越过或穿过、开或合、近或远、沿着或穿过、前或后、会和或分离、围绕、附近和旁边等；运动与人的关系包括引领或跟随、反映或匹配、同向或相向、团体间和团体内的协作、在群体中的独立活动等（Graham, Holt/Hale, & Parker, 2012; Pangrazi & Beighle, 2013）。

表4.4 标准1的年级—水平指标示例

标准1	幼儿园	1年级	2年级	3年级	4年级	5年级
运动标准						
S1.E1 单脚跳、快跑、慢跑、滑动、跨步跳	在保持平衡的同时表现各种运动技能（单脚跳、快跑、慢跑、滑动、交换跳、跨步跳） （S1.E1.K）	熟练地进行单脚跳、快跑、慢跑和滑动 （S1.E1.1）	熟练地进行交换跳 （S1.E1.2）	熟练地进行跨步跳 （S1.E1.3）	在各种小型练习任务、舞蹈和体操中运用各种运动技能 （S1.E1.4）	在动态的小型练习任务、体操、舞蹈中展示熟练的运动技能 （S1.E1.5a） 在游戏环境下的各种小型练习中运用各种运动和操作技能 （S1.E1.5b） 将运动和操作技能融合在一起，以实现各种目标（如在足球、曲棍球和篮球运动中得分） （S1.E1.5c）

源自：SHAPE America. (2014). *National standards & grade-level outcomes for K-12 physical education* (Champaign, IL: Human Kinetics), 26.

通过学生对该年级空间意识的水平结果来看待标准2的进展阶段（如表4.5所示）。标准2中的S2.E2指标涉及路径、姿势和水平。根据表4.5，首先向幼儿园的学生介绍路径的分类（直线、弯曲和锯齿形）。在1年级，教师应在教学中涵盖低、中、高水平的运动。在1年级，教师应该在教学中涵盖越过、穿过、绕过和通过物品的运动。在2年级，孩子们应该能够将姿势、水平和路径结合成简单的运动、舞蹈和体操顺序。到3年级结束时，学生该能够认识到各种体育活动特有的运动技能。4、5年级的学生应该对空间的认识开始有所变化。4年级的学生应该能够将运动概念与小型比赛练习任务、体操和舞蹈的

技能相结合。5年级与4年级的成果相似，但随着学生的自主学习，增加了游戏环节。

到5年级末，学生应该能够通过在任务中的表现来了解他们的身体如何在空间中移动，并应该开始将这种理解应用到一些具体的环境中，包括舞蹈、体操和游戏（Mitchell & Walton-Fisette, 2016）。对于需要给学生上体育课的课堂教师来说，教科书 *The Essentials of Teaching Physical Education* 可以提供丰富的资源（Mitchell & Walton-Fisette, 2016）。

标准3

除了教授运动的概念和技巧外，教师还要满足孩子们的健康需求。标准3指

出，"接受过身体素质教育的个人会展示出实现和保持体育活动的知识和技能。"（SHAPE America, 2014）。健康的实现和保持需要日复一日的努力。通过教授体育活动的知识和技能以及体能的概念，学生能够了解预期的内容并达到和保持个人体育活动和健康的合适水平。SPARK课程是小学课堂教师促进学生进行体能锻炼的良好资源。SPARK代表体育、娱乐和活跃的学生娱乐活动，是一门包括与健康及技能有关的体能活动的专门的体育课程（McKenzie, Rosengard, & Willison, 2006）。

表4.5 标准2的年级—水平指标示例

标准2	幼儿园	1年级	2年级	3年级	4年级	5年级
运动的概念						
S2.E2 路径、姿势、水平	在3种不同的路径上运动（S2.E2.K）	展示低、中、高水平的运动（S2.E2.1a） 展示与物体的各种关系（如越过、穿过、绕过、通过）的运动（S2.E2.1b）	分别展示与物体的各种关系（如越过、穿过、绕过、通过）的运动（S2.E2.1b）	将姿势、水平和路径结合运用到简单的运动、舞蹈和体操成套动作中（S2.E2.2）	了解各种体育活动特有的运动技能（S2.E2.3）	将运动概念与小型练习任务中的技能、体操和舞蹈相结合（S2.E2.4） 将运动概念和游戏环境的小型练习任务、体操和自己编排的舞蹈相结合（S2.E2.5）

源自：SHAPE America. (2014). *National standards & grade–level outcomes for K–12 physical education* (Champaign, IL:Human Kinetics), 32.

规划和组织技能可以帮助小学生提高健康水平。教师应把重点放在全体学生最大程度的参与上。以小组的形式组织活动是促进健康的一种方式。将运动技能和健康因素（心血管耐力、肌肉力量、肌肉耐力、灵活性或身体成分）进行重点结合，以帮助学生了解运动技能发展和体能发展之间的关系。例如，使用运动站点（运动技能使用奇数站点，体能技能使用偶数站点）可以很好地利用有限的设备，还可以完美结合运动和休息。

表4.6给出了标准3中体能概念的渐进指标示例。标准3中的S3.E3指标涉及体能的知识。随着体能知识的积累，幼儿园学生能认识到心率会随着体育活动的开始而加快。到5年级时，这些学生能认识到不同的运动之间的差异。众所周知，幼儿园至5年级阶段的学生的知识水平显然是有所不同的。这一认识对于学生按照个人的体能情况做出明智的决定具有重要意义。

表4.6　标准3的年级—水平指标示例

标准3	幼儿园	1年级	2年级	3年级	4年级	5年级
体能知识						
S3.E3	认识到快速运动时，心跳和呼吸都会加快（S3.E3.K）	认识到心脏是一种会随着运动、游戏和体育活动的增加而变得更强壮的肌肉（S3. E3.1）	认识到抗阻训练可以（如将身板挺直、模仿动物走路）增强力量（S3. E3.2a）	描述体能的相关概念和举例说明体育活动能够促进身体健康（S3.E3.3）	识别与健康相关的体能要素（S3.E3.4）	区分技能型体能与健康型体能（S3. E3.5）

源自：SHAPE America. (2014). *National standards & grade-level outcomes for K-12 physical education* (Champaign, IL: Human Kinetics), 34.

标准4

在优质的体育教育课程中培养社交技能也很重要。标准4指出，"接受过身体素质教育的个人会展示出尊重自我和他人的负责任的个人和社会行为"（SHAPE America, 2014）。优质的课程项目旨在帮助学生培养所需的社交技能，使其能与他人进行良好的互动并对这些技能进行运用，如展现良好的体育行为。学生必须对自己的行为承担责任，而良好的个人行为包括尊重他人、接受处在任何技能水平的同伴、接受他人的建议、展示良好的体育行为、专注于安全游戏。标准4是所有教师想要在教室和健身房中看到的标准，但他们往往没有专门设计活动来为学生培养这些重要的社会技能。

表4.7是对标准4中协作理念的快速回顾，是关于学生协作的成果的讨论。这是每个小学教师每天在教室里所应用的一个概念。该标准期望幼儿园学生可以学会与他人共享设备和活动空间；期望1年级和2年级学生能在小型、大型团体（1年级）和协作环境（2年级）中独立工作；期望3年级以上的学生能够展开协作，并且称赞同伴所取得的成功；期望所有4年级学生无论技能水平如何，都能学会包容同伴；期望5年级学生能与他人友好协作，能接受、承认并参与不同技能水平的团体。

表4.7　标准4的年级—水平指标示例

标准4	幼儿园	1年级	2年级	3年级	4年级	5年级
与他人协作						
S4.E4	与他人共享设备和活动空间（S4.E4.K）	在不同的课堂环境（如小组和大组）中能与他人协作（S4.E4.1）	在协作环境中能独立工作（S4.E4.2）	与他人协作；（S4.E4.3a）对他人在活动中的表现给予赞扬（S4.E4.3b）	赞扬他人的运动技能，不管他们的熟练程度高低；（S4.E4.4a）接纳任何技能水平的学生参与体育活动（S4.E4.4b）	接受、认可积极参与体育活动和团体项目的各种技能水平的学生（S4.E4.5）

源自：SHAPE America. (2014). *National standards & grade-level outcomes for K-12 physical education* (Champaign, IL: Human Kinetics), 36.

标准5

标准5指出，"接受过身体素质教育的个人会认识到体育活动对于健康、愉悦程度、挑战、自我表现和社会互动的价值"（SHAPE America, 2014）。帮助学生找到运动的快乐是培养学生体育素养的重要组成部分。有些教师不停地让学生坐下来、不要到处走动，甚至不要动，这偷走了学生原本可以从运动中获得的快乐。所有的教师都应该把重点放在帮助学生重视体育活动上，帮助学生发现运动的快乐。标准5提供了良好的建议，如关于体育活动对健康益处的教育，在活动中遇到困难时坚持挑战，积极地进行自我表现，以及社会互动的重要性。

表4.8展示了标准5的具体阶段指标，其中涉及自我表现和愉悦程度。这组指标十分有趣，因为愉悦程度很难被客观地评估。

不过，根据指标预期，能在K~5年级内找具体的内容。幼儿园的学生应该能够识别愉快的活动，并讨论与朋友一起玩耍的乐趣。1年级学生应该能够描述出他们在参与某些活动时的积极感受，并讨论他们喜欢该活动的原因。自我表现是2年级学生的重点，因为该阶段的学生能够认识到能让他们进行自我表现的体育活动。思考最喜欢的活动带来的愉悦程度是对3年级学生的期望。所有4年级学生都应该能够根据他们参与活动时的愉悦程度来决定最喜爱的活动排序。到5年级末，学生应该能够根据愉悦程度和挑战难度分析体育活动，并识别出对这些活动的积极和消极的感受。

美国《K-12体育教育国家标准》的内容广泛，但年级—水平指标为教师应对标准提供了具体指导。教师可以利用年级—水平指标增加学生提高体育素养的机会。

表4.8 标准5的年级—水平指标示例

标准5	幼儿园	1年级	2年级	3年级	4年级	5年级
自我表现和愉悦程度						
S5.E3	认识到体育活动令人愉快（S5. E3.Ka）讨论与朋友一起玩耍的乐趣（S5. E3.Kb）	描述参与体育活动所产生的积极情绪（S5.E3.1a）讨论个人享受体育活动的原因（S5.E3.1b）	确定可以提供自我表现机会的体育活动（如舞蹈、体操和游戏环境中的练习任务）（S5.E3.2）	说明喜爱某项体育活动的原因（S5.E3.3）	对所参加的不同体育活动按照愉悦程度进行排名（S5.E3.4）	分析不同体育活动的愉悦程度和挑战难度，确定产生积极或消极反应的原因（S5.E5.5）

源自：SHAPE America. (2014). *National standards & grade-level outcomes for K-12 physical education* (Champaign, IL: Human Kinetics), 37.

小结

培养具备体育素养的人并非易事，这需要全校师生的共同努力。上学前、上学期间和放学后学校都应提供体育活动，同时，课堂教师应创建一个积极的课堂环境。行政管理人员应对体育教育课程提出更多的建议和要求，以满足《K-12体育教育国家标准》，取得其年级对应的水平成果。学生需要教师帮助他们获取参与体育活动的技能，让他们了解参加体育活动、定期锻炼、保持身体健康、重视健康的生活方式所带来的好处。学生的体育素养高低取决于教师的教导正确与否。

复习题

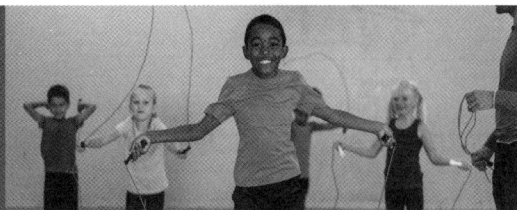

1. 体育活动的3个益处是什么？

2. 体育教育和体育活动有什么区别？

3. 优质的体育教育课程的4个基本要素是什么？

4. 什么是身体素质？

第 2 部分

如何将健康教育和体育教育与课堂教学相结合

第 5 章

倡导建立健康的、有活力的校园

目标

- 明确何为"倡导"。
- 说明课堂教师处于倡导建立健康的、有活力校园的最佳位置的原因。
- 阐述倡导建立健康的、有活力的校园的必要性。
- 列出可供课堂教师在课堂上使用的倡导方法。
- 列出学校可以采用的倡导方法。
- 列出父母和社区可以采用的倡导方法。
- 列出利用媒体资源宣传的倡导方法。

"倡导"这个词经常被人误解。有些人认为倡导是别人的事情，这种看法是不对的，倡导是每个人（无论是有意识的还是无意识的）都可以做的事情。这意味着你也可以成为一名倡导者。本章主要定义"倡导"的概念，说明一名倡导者的作用，还将介绍更有效地进行倡导的工具。

我们可以从以下几个不同的方面定义"倡导"。

- 一项用于改变立场、机构程序或政策的行动。
- 在其他人面前为一种理念申诉，捍卫或向他人灌输某一种理念。
- 畅所欲言，引起社区人群对某一个重要问题的关注，引导决策者找到解决方案。
- 将某一个问题放在议事日程上，提供该问题的解决方案，为围绕这个问题及其解决方案的行动提供支持。
- 影响任意管理层决策的过程。

前面描述的"倡导"定义中的行为包括改变、申诉、捍卫、推荐、宣讲、吸引、引导、安置、提供、构建和影响。通过主动参与，倡导将成为一项基于行动的策略，人们通过这个策略可以参与改变自身以及他人生活的决策的过程。

教师处在倡导健康的、有活力的校园的最佳位置。教师是学生的榜样，教师应该意识到不论自己是否试图成为一名倡导者，事实上这个职业本身就是一名倡导者。学生关注着教师的一举一动，包括说话、着装、进餐和喝水等。既然知道了这个事实，教师就可以利用这个对学生非常有影响的位置，尝试使学生的观念和行为朝着更健康

的方向改变。

倡导在学校里进行更多的体育活动

在学校推广体育运动和体育教育是提倡建立健康的、有活力的校园的极好办法。目前，交互式网站为学业繁忙的学生提供了创新式思想，使他们可以利用每天上学前、上学期间和放学后的时间进行至少60分钟的体育活动。

第1~4章给出了大量的说明美国的社区需要创建更健康、更有活力的校园的原因。这些原因包括学生健康问题（特别是肥胖症和糖尿病）的增多，缺乏体育活动和青少年的不良饮食习惯，学业成绩和身体健康之间的紧密联系。了解了学生不断增长的健康需求之后，课堂教师首先应该试图制定倡导健康、有活力的生活方式的策略，然后不仅要在自己的学生中，更要在整个学校和周围社区倡导健康积极的生活。

以下理念排列不分先后。这些理念是为了帮助课堂教师开展每日健康的、有活力的校园倡议工作提出的一些建议。

课堂内的倡导

课堂是一个极佳的倡导场所，在课堂上，教师可以控制学生听到的、看到的所有信息。课堂是一个极富影响力的场所，作为一名课堂教师，必须明智且适当地对这个场所加以利用。墙壁、黑板、课桌和地板等都可以用来展示正能量信息。图片、海报、标语、喜欢的名人名言、每日一词以及更丰富的信息都可以呈现在这些展示

板块上。教师还可以将喜欢运动或表现出良好健康习惯的学生的照片制作成拼贴画贴在教室内作为一个正面的、积极的信息进行展示。这种视觉展示是一种非常有力的激励工具，因为它可以鼓励其他学生开始健康的生活，让他们期待有朝一日自己也可以成为大家的榜样，能够将自己的照片展示给大家看。

请记住，每个人都喜欢被称赞。给予外部的奖励也许对部分人能起到一定的作用，但是，要想让所有孩子都做出正确的选择，就需要激发每一个孩子内心的驱动力。看到其他同学获得奖励也许能够激励学生做出同样的健康行为。奖励可以是简单的口头表扬、一张奖状，也可以是把他们的名字贴在墙上以示表彰。

另一个很好的激励方法是增加学生在课堂内活动身体的机会。教师可以鼓励学生离开自己的座位，特别是在学生下课后感到疲倦的时候，让学生从一个活动空间回到自己的座位，然后移动到另一个活动空间。好动是学生的天性，可惜很多课堂教师总是不停地要求学生坐好不许动，这抑制了学生的运动天性。教师要求学生坐着别动的行为传递的恰恰是与鼓励身体活动相反的信号。教师可以让学生站起来活动身体，同时注意力仍然保持在教师的教学内容上。

教师应始终注意自己传递给学生的是一种什么样的信号。有些教师把运动作为一种惩罚手段，这会在学生心里留下一种运动是消极的印象，今后学生在进行该项运动时，会认为自己在受惩罚。教师通过取消体育活动来惩罚学生也是一种不恰当的行为，其后果是学生可能无法获得积极的行为奖励。如果学生完成了功课，不允许他们做一些事情，以此作为惩罚，或者让他们停止正在做的事情，去反思自己的不当行为，都不是值得推荐的。

在课堂上培养正确的健康习惯是另一个积极倡导健康行为的方法。练习正确地咳嗽、擤鼻涕、刷牙、用牙线清洁牙齿和洗手的方法等，是课堂教师可以在教学期间鼓励学生养成的众多好习惯中的几种。例如，教师可以在课堂教学中鼓励学生采用正确的方法咳嗽和擤鼻涕，然后留出时间给课桌消毒，特别是在流感季节。每年2月（在美国，2月是儿童牙齿健康月），牙医会到教室来为学生提供免费的牙刷和牙线，并给学生演示牙刷和牙线的正确使用方法。

教师可以邀请励志演说家到教室里做演讲。教师还可以寻找当地的健康行为榜样，然后把他们邀请到课堂上来。这些特邀演讲者可以激发学生对健康生活的兴趣，帮助学生选择健康的、有活力的生活方式。这些人可以是高中运动员、社区运动员，也可以是社区内各行业的领导者等。

教师也可以布置一些需要学生在家里通过进行一系列体育活动才能完成的家庭作业。例如，可以让学生数一数绕自己家的房子走一圈需要走多少步；让学生拾捡房前屋后的树叶，然后带到学校来参与关于树木的讨论会；让学生在与家人一起运动的时候帮家人检测心率。

课堂是一个极富影响力的倡导场所。记住，教师在完成每天最基本的教学工作的同时，也在不断地向学生传递其倡导的各种理念。

学校内的倡导

和教室里的墙壁一样，整个学校的墙壁（如走廊）也是宣传健康信息的极佳场所。在教室以外的地方张贴因为展示了健康行为而成为典范的学生的作品（如美术作品或作业），可以影响更多学生。学校还可以张贴其他人进行健康的、有活力的行为的照片，关于运动员的报道，倡导健康营养选择的图片，以及劝诫欺凌行为的海报。校园广播是提供每日健康贴士和健康语录的非常好的媒介。让学生自己在广播中以极富感染力的语气播报健康知识，而不是让校长或教师朗读，这样更有利于学生听取和接受健康知识。

同其他课堂教师一起实施健康的、有活力的运动计划可以提高学生的积极性和参与度。例如，收集学校附近的可回收垃圾就是一项非常值得进行的计划，该计划可以在美化校园的同时使学生参与健康计划。另一个例子是举行步行马拉松比赛或其他体育比赛，这同样可以唤起学生的健康意识。教师可以联合起来，统一在每年的2月（美国心脏月）向学生分发有关心脏健康的食谱，并在校内给他们提供一些有益于心脏健康的食品和零食。

另一个在学校倡导健康行为的方法是创建健康月历，全校按照健康月历庆祝一年中的每一个健康节日，如表5.1所示。

表5.1 学校健康月历的示例

1月	美国兴趣月
	美国药物知识宣传周
2月	美国心脏月
	美国儿童牙齿健康月
3月	美国营养月
4月	眼部健康月
	世界卫生日（4月7日）
	世界地球日
5月	美国体能和体育月
	美国体育教育与运动周（5月第一周）
6月	美国大户外活动月
	美国安全月
7月	眼外伤预防月
8月	儿童眼部健康安全月
	美国免疫意识月
9月	水果蔬菜月
	美国儿童警惕肥胖月
	FEMA美国备灾月
10月	全球健康文化广宣月
	美国防欺凌月
11月	美国糖尿病月
12月	玩具与礼物月
	美国流感疫苗接种周

教职工也需要健康的体魄，因此教职工可以每个月轮流主持健康活动。开启健康活动的第一步是鼓励教职工成立上课前和放学后散步小组，或者开展一些其他形式的健康活动，如有氧运动、举重、瑜伽，每天留出时间进行压力管理和营养教育，以及参与学校或社团活动等。

父母和社区的倡导

小学生的父母和看护人需要教师给予指导。有一个很好的宣传方法是做每周或每月简报。通过简报，教师既可以教育学生，也可以引导他们的父母教育孩子。借助当今的技术，简报可以以电子形式发送，无须教师个人或学校出钱。有些教师更喜欢利用网站进行宣传。了解你所在学校和社区的人会接触哪些媒介，这可以帮助你确定如何分享你的健康信息。简报可以涉及的主题包括每个月选择一个健康主题进行集中宣传，简报要包含一篇关于该主题的文章；提供学生在校期间和回家后与健康饮食相关的信息；提供一些为学生烹调健康餐食的小贴士；提供每月健康食谱。

家长教师协会（PTA）和家长教师联合组织（PTO）会议是信息分享的好地方。会议上可以开展健康话题讨论或者请健康专家做演讲，也可以为父母和监护人提供烹饪课程，向他们传授健康烹饪技术，甚至可以提供放置了健康食物和食谱的试验台。家长教师协会和家长教师联合组织会议结束后，在体育馆开展亲子活动也是非常好的想法。

成绩单是非常好的信息来源。教师可以在成绩单上增加有关健康行为的宣传信息，如正确洗手的示范图、正确进餐的示范图和正确进行运动的图片。

教师可以通过在社区举办活动与社区成员之间建立积极的合作关系。例如，组织一次让社区内的每个成员都可以参与的展示健康行为的活动，并发起5000~10000美元（1美元约合6.78元人民币）的筹款活动，让社区作为一个整体参与筹款。然后邀请社区负责人到学校，使他们成为学校健康计划制定和实施团队的一分子，参与的各方也将从中获益。

父母和监护人需要接受教育并参与学校健康计划。这种积极参与将促使学生离开学校后也能保持健康的、有活力的生活方式。有了社区的支持，学校将变得更有影响力。

利用媒体资源宣传的小贴士

学校可能会要求教师以就某一具体话题做访谈的方式推动学校健康项目的开展。正在准备访谈的教师可以采用以下小贴士。

访谈可以采用不同的形式进行，如视觉形式（电视、会面）、听觉形式（广播、播客）或书面形式（当地报纸、社交媒体）。所有这些形式都有一些事项需要特别注意。

电视访谈

- 要穿灰色、棕色或深蓝色衣服。
- 不要穿条纹、方格花纹或格子图案的衣服。
- 要化看起来很自然的淡妆。
- 不要佩戴大颗珠宝。
- 要用平常说话的语气说话。
- 不要说太多"嗯""啊"之类的语气词。
- 要看着采访者。
- 不要对着摄像机说话。

广播访谈

- 要用平常说话的语气说话。
- 不要说太多"嗯""啊"之类的语气词。
- 不要太过情绪化，要明确地表达自己的观点。
- 要全面地回答采访者提出的问题。

- 不要急于回答问题。
- 要尽量清楚地回答问题，因为这是广播访谈，听众看不见你的动作和表情。
- 不要使用太多的科学术语，不然听众会一头雾水。

书面访谈或报告

- 要声明自己的身份、所从事的工作，以及从事这份工作的原因。
- 不要神神秘秘，或者匿名发表访谈或报告。
- 要采用简短而引人注目的标题。
- 不要用负面、消极的标题。
- 要实事求是。
- 在社交媒体上的用语要简单明了，使用简单的词语和句子。
- 不要把自己的观点放大，不然你会失去社交媒体上的受众。
- 如果有机会，请使用图片。
- 未经学生父母同意，不能使用学生的照片。

小结

倡导是一个持续的过程，该过程涉及对学生、全体教职工、管理人员、父母及社区成员进行有关实现学校健康教育的全年的活动。课堂教师的一个很小的举动，如拍拍学生的背以示赞许，展示宣传健康行为的图片或张贴与健康活动相关的海报等都可能激励学生参与学校健康活动。

人们经常以输赢来判断成功与否，然而，真正的成功是尽管岁月催人老，而你仍然富有竞争力。我们通常难以判断提出的倡导是否能够成功。改变一种行为习惯可能需要数月，而改变一项政策可能需要好几年。不论需要多久，关心学生健康的教师们都将为之努力奋斗。在这个奋斗的过程中，学校的行政管理人员应该为教师提供支持。如果学校积极倡导健康的、有活力的生活方式，那么学校中的每个参与者都将是大赢家。

复习题

1. 写出"倡导"的定义。

2. 为什么说课堂教师是建立健康的、有活力的校园的最佳倡导者？

3. 说出两个可供教师在课堂上使用的倡导方法。

4. 说出两个可以在学校使用的倡导方法。

5. 说出两个可用于父母、监护人和社区的倡导方法。

6. 说出两个在电视访谈和广播访谈中提出倡议时用得到的小贴士。

第6章

创建健康课堂

目标

- 了解课堂上有利于促进健康的行为。
- 讨论如何在教室内运用美国国家健康日历。
- 描述儿童在出现抑郁、自杀或自我伤害行为之前的征兆。
- 了解避免疾病在学生之间传播的方法。
- 讨论教学素养和网络安全的重要性。
- 明确被虐待或忽视的儿童的表征。
- 阐述校园暴力、欺凌及网络欺凌的各种表征和预防方法。
- 定义标准预防措施。

真正的享受来自精神的活跃和身体的运动，这二者是统一的。

——亚历山大·冯·洪堡
（Alexander von Humboldt）

初等教育专业的学生，在各自的大学课程中应该都学习过如何正确地管理自己的课堂，收发试卷和分发书本作业、食品等物资的技巧，如何监管未完成作业的学生和一些其他工作所需的技能。本章提供的小窍门不仅可以丰富学生的学业经历，还有助于教师强化健康课堂的工作框架。以下策略有助于打造一个值得教师和学生信赖的安全课堂环境。

日常健康课堂

教师们都知道工作中取得成绩后最大的奖赏是内心的自豪感和成就感。这种感觉被称为内在奖励，是目标实现的内在报酬。外在奖励是工作取得成绩后的外部有形奖励。激励是一种包括外在回报和其他所有推动你去做一些事情的事物的总和。单独给某一名学生或全班学生外在奖励以庆祝他们取得的成绩，可以有效地鼓励积极行为。要想找到免费或成本较低又有效的奖品并非易事。很多时候，教师会选择用比萨或纸杯蛋糕作为奖品，但这种奖品向学生传递的健康信息有些混杂。一个重要注意事项是，健康专家不建议使用食品作为奖励或惩罚手段。学校已经建立了健康框架，而利用糖果或其他缺乏营养的食品作为课堂教学的奖品会破坏健康框架。如今，学生在生活中已经面临太多不健康食品的选择。他们在成年的过程中会面临越来越高的体重超标和患其他慢性疾病的风险。教师需要鼓励和引导学生正确地选择食品，培养并保持健康的饮食习惯，让学生做出明智的选择。心理学上，根据学生的表现或行为提供食品会使学生在心里将食品和情绪联系在一起。这么做可能会使学生在肚子不饿时通过进食来缓解情绪问题，使他们养成用食物奖励自己的不健康的饮食习惯。在上课期间用食品奖励学生还会使他们在规定进餐时间以外进食。

另外一个重要注意事项是避免将禁止运动作为惩罚手段，例如，在课间休息时让学生坐在教室里，不准学生外出活动。这种惩罚手段是不可取的，这么做会阻碍学生参加在校期间的身体活动，妨碍学生与同伴之间的交流。学生需要机会玩耍和交流。对于这个年龄的学生而言，让他们在课桌前坐一整天是不合适的。如果班级里面所有的学生在课间休息时都得到了充分的活动和休息，那么在接下来的课堂教学中，学生的注意力会更集中，小动作会更少，也能够更迅速地进入学习状态。事实上，在课间休息时间做做运动对教师而言也是非常好的，可以找一个呼啦圈或者拿一个球加入学生的行列，作为学生的行为榜样和学生一起快乐地运动。

为帮助学生习得相关技能，教师要遵守健康教育和体育教育标准，首先要确保教室环境有益于身体健康。不要违背健康宗旨，在课堂上将糖果或垃圾食品作为奖品奖励给学生，或者在课间休息时，不允许学生活动来惩罚学生。幸运的是，在设定了合适健康样例的情况下，确实存在可以鼓励学生的有效且健康的方法。以下是可以促进学生参与健康行为、提高学生成就感和成绩的方法，这些方法可以维持学生的健康，并促进课堂和校园的联系。

认可

- 微笑。尊重每一位学生，通过目光交

会和微笑让学生感受到你的友善。这种表现是让学生体会到你的赞赏的简单方法。

● **友好的姿势。**用快速击掌、拍拍后背、竖起大拇指和握手等动作来表示对学生努力的认可的方式非常有效。

● **口头表扬。**每节课选择几名学生进行表扬，针对每名学生表现得好的方面提出具体表扬。一周结束后，班上的每个学生都受到了表扬。记住，要表扬学生的具体事迹和成绩，不要用一些关于性格、品质的空泛套话表扬学生。例如，不应该说："凯蒂，你真聪明。"而应该指出她的成绩，说："凯蒂，这次测验满分20分，你拿了19分，值得表扬！"放学前后应留出时间，以防有学生需要帮助或者想和你说几句话，此时可以赞扬学生在课堂上表现好，或者表扬学生努力完成学习任务和作业的精神。说不定你的表扬是学生这一整天收获的唯一赞赏。

● **书面表扬。**学生在做出积极行为或取得成绩时立刻得到教师的注意和表扬有助于学生的健康成长。这只需要短短的一两分钟就可以做到。教师还可以每天在办公桌上放一本表扬笔记本，提醒自己寻找机会通过书面表扬建立学生的自信心。此外，在和家长见面时，可以给家长们发一些便签纸和笔，让家长们写一些鼓励的话放在自己孩子的课桌里，给第二天来上学的孩子们一个惊喜。

● **公告。**在全校的早间公告中对学生的成绩表示认可是一个非常有效的激励方法。另一个方法是在校园里醒目的地方展示贴有照片的表彰牌，这个方法也可以很好地展示对表现突出的学生的认可。

● **家庭沟通。**给学生的父母或监护人打电话、发电子邮件或寄便签以表扬学生取得的优异成绩。这种奖励同时也彰显了家庭健康的重要性。

● **课堂赞美或欢呼。**学生实现目标时（如读完了一定数量的书或学会了九九乘法表），大家一起在教室里欢呼"嘿，嘿，万岁！"或唱"因为他是一个快乐的好小伙"。在此过程中，受表扬的学生可以绕教室一

孩子们需要别人认可他们在课堂内外取得的成就。

圈，和每位同学击掌。如果能结合手语或随着节拍鼓掌，那么这种认可活动也是将体育活动引入课堂的好机会。

- **班会**。每周五在教室内举行一次班会，在这个班会上让每一名学生说说自己这周最自豪的成就。学生讲完后，同学们可以以鼓掌、欢呼、竖大拇指或其他方式表示赞许。每个孩子只需要花几十秒时间，与此同时可以锻炼孩子们在很多人面前表达的能力。

给予特权

- 让学生帮忙管理班集体、当图书管理员、做一名小教师或者到办公室帮忙。
- 让学生和自己喜欢的同学（其他班级或者其他年级的人）、校长或教师一起用餐。
- 和另一个班级一起上一堂额外的体育教育课（和另一名教师一起上这堂课）。
- 在指定时段内用耳机听广播或CD。
- 带领同学们完成体育课上的第一个活动。
- 获得更多的休息时间。
- 延长玩电脑的时间。
- 去实地考察。
- 邀请特别嘉宾或伙伴到教室来。学生可能会邀请别人来参观自己的教室、一起读一本书，或者做表演。这个人可以是任何人，如祖父母、长兄或长姐、校长等。

奖励学习用品

- 笔、橡皮擦、记事本或笔记本。

- 模板、印章。
- 荧光笔、粉笔（粗粉笔）、马克笔。

奖励体育用品

- 乒乓球、飞盘、海绵球。
- 呼啦圈、跳绳。

午餐时间

每天的午餐时间是建立学生健康饮食习惯的绝佳时机。午餐前首先要让学生洗手，然后让学生读菜单并讨论今天食堂供应的各种食物。教师应鼓励学生尝试或选择食堂供应的水果和蔬菜，可以给每天午饭时间都选择尝试水果和蔬菜的学生发绿色贴纸以示奖励。

午餐时间也是学生练习社交技巧和社交礼仪的最佳时机。教师可以教他们用适当的音量礼貌地交谈，咀嚼食物时不要开口说话，告诉他们就餐结束后应该如何清理留在桌面上的污渍。让学生明白教师对他们的预期，帮助学生提高自己的社交能力。新学年一开始，教师就要制定明确的规则，通过教室内的引导标识规范学生的行为，并定期强化。

记住，学生容易受身边成年人的影响从而模仿他们的行为。不论你喜欢与否，你的学生每天都会受到你对食品和饮品选择的影响。例如，你是否会将教师休息室剩下的面包带走？是否每天上课时都要喝几杯碳酸饮料？每天是否喝水以及是否把苹果当点心？这些都是你的学生会注意的。当你吃健康的食品或者喝健康的饮料时向学生明确指出来，这可能会产生意想不到的结果。

最后，午餐时间不适合惩罚学生。将学生孤立起来或者让其沉默地进餐（不允许学生说话）都是不恰当的行为。与此相反，午餐时间是学生们重要的社交机会，也是学生综合健康的组成部分。

喝水和上厕所的休息时间

只有为数不多的小学教室配备了水槽、饮水处和厕所。为满足学生在校期间的洗手、喝水和上厕所的需求，教师需要提前计划和安排好时间。

水是维持生命的必需品，小学年龄段学生的水需求量在每日1升~3升之间。除了睡觉，学生的大部分时间都在学校教室里度过。要保证学生们在此期间可以随时喝水是非常重要的，尤其是在体育课结束后或课间休息时。可惜的是，有些教师为节约时间会直接跳过日间的喝水休息时间，或者限制学生们的喝水次数，每天只让他们去饮水处喝水1~2次。这样的喝水频率不能保障儿童处于最佳健康状态，还可能导致脱水、疲惫甚至疾病。教师应鼓励学生从家里带一个可以反复使用的水瓶，让他们在校期间可以随时喝水，还应提醒学生每天把水瓶带回家清洗。另外，反复使用瓶装水的瓶子喝水存在安全隐患，因此，教师要提醒学生及时清理水瓶。新学年开始时，在教室物品清单上写上"可反复使用的水瓶"，让学生们从一开始就养成一个好的喝水习惯。教师应事先查看学校政策和地区政策，确保政策允许学生自带水瓶。

学生需要上厕所时要允许他们去厕所。一天当中学生应该需要上好几次厕所，特别是水分摄入充足时。上厕所是基本的身体现象，教师不应忽视。上厕所不应成为某些学生的特权，同时万万不可把禁止学生上厕所作为一种惩罚手段。推迟上厕所时间的健康后果包括尿道感染甚至内脏受损。此外，有些女生3年级时就会出现月经初潮，教师对此也要特别注意。

庆祝活动

教师可以利用庆祝活动和特殊场合创建健康教室。节日和生日会极大地挑战学生的健康饮食规范。健康专家强烈建议学校在教室聚会中提供健康食品。最好是在新学年一开始就制定关于外带食物的学校政策，可能有的学校或其所在的地区已经制定了相关政策。如果没有，教师要明确告知学生只允许携带健康的点心和饮料（如不许携带纸杯蛋糕或碳酸饮料）参加教室聚会或节日庆祝活动。在整个学年，特别是节假日和学期结束时，教师要多多和学生父母讨论关于健康食品的话题。有些好心但是对于健康食品概念不够了解的父母还是会在点心时间带着一盒甜甜圈来到教室，对此教师也要有心理准备。碰到这种情况时，教师的态度要和蔼，但是立场一定要坚定，应该坚决捍卫学生的健康。

实地考察

实地考察是强化书本知识和健康概念的富有趣味的方法。与庆祝活动相似，如果出行需要自带午餐，教师应该在出行前就饮食问题提醒父母，并建议学生父母为学生准备健康的午餐或点心。如果实地考察的地点提供午餐，教师要提前检查并确保其供应的都是健康的食品和饮品，排查可能会引

教室庆祝活动的更多理念

美国的"健康一代联盟"是一个致力于促进学生健康的非营利组织。该联盟的目标是降低学生肥胖症的发病率，使学生养成终身健康生活的习惯。访问相关网站可以找到更多关于该联盟的信息，也可以看到该联盟关于教室健康庆祝活动的更多理念。

起过敏的食物。

实地考察也是进行安全教育的重要时机。教师需要在整个出行过程中为自己班上所有学生的安全负责。出发前学生要记住自己的完整姓名、电话号码和住址。低年级的学生可能需要带上姓名卡或者用油性记号笔将紧急联系人信息直接写在前臂上；在车上时一定要确保所有学生都系了安全带；提醒学生紧跟大部队，确保有足够多的成年人随行。如果要进行户外活动，要让学生戴上帽子，擦防晒霜；如果天气炎热，还需要周密计划以防止学生脱水。

一旦在细微处设置了有益于身体健康的日常行为习惯的引导规范，再从大局上看整个学年的健康教育计划就很明了了。很多小学课堂教师会根据季节或相关节假日设定每月健康主题，并考虑全年如何在课堂中开展健康活动。

全年健康课堂

教师可以考虑将美国国家健康日历作为一个基本框架促进课堂健康教育，增强课堂健康意识。在这个框架下可以做的事情是很多的，开动想象，创建月历，在课程表中安排2~4个活动。以下是就在一个学年的每个月份里都可以安排哪些活动，给教师们提供的一些建议。

9月：FEMA（联邦紧急事务管理局）美国备灾月

学生喜欢时刻做好准备，喜欢知道接下来将要面临的状况（无论是哪方面的状况）。恶劣的天气和即将发生的灾难性事件可能会让学生感到恐惧，此时，教师要给予学生力量。教师可以通过制定紧急预案，准备好紧急情况下的物资帮助他们缓解焦虑情绪。教师要建议家庭成员集合到一起制定紧急家庭预案。

10月：美国防欺凌月

举办为期一周的活动，以学生讲故事、朗诵诗歌、画画或录像等形式集中讨论如何预防欺凌。教师的重点在于向学生灌输结交朋友和接纳他人的理念，教导学生勇于反抗欺凌，并制定相关制度保障学生的反抗权利。

11月：美国糖尿病月

在核心课程中传授各种与糖尿病相关的知识。例如，在科学课上讲述糖尿病对身体器官的影响；在数学课上让学生比较世界各地的糖尿病发病率；在语言艺术课上让学生列出糖尿病的风险因素；制作关于糖尿病术语和定义的填字游戏供学生完成；让学生制作一张关于糖尿病的快报，将快报分发给其他班级和学生家庭以加强人们对糖尿病的认识，普及糖尿病相关知识。

另外，还可以举行11月无碳酸饮料挑战赛。喝含糖碳酸饮料是导致患糖尿病的风险因素之一。教师可以为学生设定"整个11月只喝奶、水、纯果汁或蔬菜汁"的挑战目标。比一比谁可以坚持更久不喝碳酸饮料，看学生能否坚持一周、一个月或者永远不喝碳酸饮料。在全班的表格或学生个人表格中记录学生的进展。邀请学生的家庭成员及其他班级加入挑战赛。

12月：美国流感疫苗接种周

利用美国疾病控制与预防中心网站宣讲传染性疾病（如流感）如何传播的知识。让学生分组对疫苗的作用方式进行研究，探讨疫苗保护人类免于感染疾病的原理。利用这个话题告诉学生洗手和其他一些预防行为的重要性。用亮粉和凡士林做实验并告诉学生，在一个简单的握手动作中，细菌就可以从一个人身上转移到另一个人身上。

1月：美国药物知识宣传周

对于低年级的学生而言，教师要把1月的某一周用来向他们传授与药物使用、滥用风险和如何保护自己相关的知识。教师应告诉低年级的孩子们哪些东西是安全可食用的，哪些是不安全不能食用的，并告诉他们如果自己不确定某一样东西是否可以食用，一定要询问成年人。教师可以带学生们去参观药房或者请一名医生、药剂师或护士来教室和学生们举行座谈会，讨论药物安全使用的话题。

2月：美国心脏月

2月期间，教师可以从以下建议中选择一个、几个或全部进行尝试。

- 利用美国心脏协会（AHA）的资源设计一门课程，专门讲述如何确保人体工作强度最大的肌肉——心肌的健康。
- 告诉学生了解自己的家庭病史、保持健康的饮食习惯和积极促进心脏健康的重要性。
- 将心脏健康话题融入科学、语言艺术和社会课程中。
- 亲身示范告诉学生怎样找到自己的脉搏，以原地跑的方式让学生知道怎样可以使自己的心率加快。
- 如果班级参与了美国心脏协会的"为心脏健康跳绳"的活动，教师可以拿一根跳绳加入学生的行列。
- 让学生在指定的某一天或某一周穿红色衣服以增强心脏健康意识。

3月：美国营养月

为改善学生的饮食营养状况，3月期间教师可以尝试以下活动。

- 发起健康饮食活动，活动包括制作招牌、公告栏、公共服务公告和快报。
- 举办全校范围的营养问题知识竞赛。让参与筹划的学生把与营养有关的各种问题装在一个箱子里，并将箱子放在校园里的指定区域，然后其他学生针对这些问题进行研究探讨，找到问题的答案。学校在晨会时通过广播公布答案。
- 与自助食堂的工作人员一起举办食物品尝活动。在举行活动的一周时间内，食堂提供切成小块的水果和蔬菜供学生品尝，这是让学生们接触他们之前可能没有尝试过的新事物的好办法。

- 在活动周结束时让学生收集和分享自己家里的健康食谱。学生可以利用食物品尝活动期间品尝的水果和蔬菜制作健康食谱。

4月：世界地球日与环境健康

为增强学生的环境卫生意识，教师可以尝试以下单个、多个或所有建议。

- 让学生将家里各种干净的包装袋带到教室，讨论包装材料的制作原料，讨论人们的浪费行为和使用一次性物品时的心理，以及如何将这些包装袋回收或再利用。
- 参观当地的废品回收工厂或堆肥设施。
- 取一个大号垃圾袋搜集午餐期间整个班集体丢掉的垃圾，称出垃圾总重量。设法回收利用教室里丢掉的纸张，用蚯蚓和泥土混合剩余食物为班级里的花园制作堆肥。
- 向学生提出挑战任务：全部用可以反复使用的器具（如金属餐具、餐巾布、午餐盒）打包午餐，杜绝浪费或丢弃食物。称取每位学生餐后遗留的食物的重量（以杜绝浪费），绘制学生食品浪费差异图表并将其作为具有教育意义的数学课的材料使用。

5月：美国体能和体育月

在整个5月举办各种活动促使学生、年级和家庭成员参与运动。组织"体育馆之夜"活动，让学生和学生父母参加趣味运动；与当地非营利组织合作，举行趣味赛跑，将收到的门票钱捐献给有价值的公益事业；举办学生舞会或"滑冰之夜"活动；组织跳绳马拉松，将跳绳次数换算成步数后折算为里程，将数据实时记录在公告栏上，设定全校目标，举办动员大会或其他趣味活动以庆祝挑战成功。

定义健康课堂的维度

现在我们已经知道，健康不仅仅是指没有生病。第1章中我们指出了定义健康的6个维度。由于健康和学业成绩之间存在至关重要的联系，因此这些维度可以被进一步扩展并直接应用于我们的小学课堂。

健康的社会维度

研究显示，建立学生与学校和教师之间的信赖和紧密的联系不仅可以提高学生的积极调整能力和自我认同感，还可以降低学生进入青春期后做出危险行为的可能性。课堂连结性指的是一种安全感（情感上和身体上的），一种安全、积极的关系。教师用来加强学生与课堂的联结性的策略包括定期给学生家里邮寄进度报告，定期和学生的父母沟通（每月约谈一次，每月寄一份快报）。教师可以通过在公告栏上开设一个"你知道吗"栏目供学生分享重大活动，从而加强学生是课堂大家族的重要一员的自我认知。

在上课期间可以分享一些可能对学生很有帮助的个人信息，或者在介绍某个特定的知识时也可以适当分享一些教师的个人信息。教师可以给学生看自己在他们这个年龄时的照片，分享自己在他们这个年

5月是美国国家体能和体育月，届时有很多趣味活动可供学生、家长和学校教职工参加。

龄段喜欢阅读的书籍，分享自己那时候的兴趣爱好、喜欢的体育运动，以及自己小时候的生活经历等。

学生需要认可。正向的反馈可以帮助学生从事正确的行为，受到他人认可能够巩固学生的成就。对于生气时能够表现出一定的自制力或者能够对自己的同龄人表现出同情心的学生要适时地给予表扬，这样可以营造一个温暖、舒适和积极向上的环境，这也是富有凝聚力的课堂应该具备的特征。学生需要知道自己也可以有所作为，因此教师要创造各种合适的机会（如帮助每个同学将家庭作业放在带回家的文件夹里、帮忙出黑板报、给教师做一天小助手）让学生贡献自己的力量。学生可以通过参与各种校外的活动贡献自己的力量，如加入格兰俱乐部（Gran Club）（该俱乐部会组织学生每周去一次当地敬老院拜访老人）。这样的活动可以增强学生的主人翁意识，让学生有机会有所作为。

健康的精神和情感维度

大多数时候，人们只有在患上精神疾病时才会意识到自己的精神不健康。教育工作者必须了解精神健康在校园环境中的作用，因为精神健康对学生的社交、情绪和学业成功有着重要影响。据估计，每5名学生中就有1名学生在K-12基础教育阶段出现过重大的精神问题（CDC, 2013）。未能满足学生的精神健康需求可能会导致学生出现学习成绩差、问题行为和其他负面后果（CDC, 2013）。下面我们将探讨一些典型的精神健康问题。

抑郁症

抑郁症是一种严重的健康问题，涉及各年龄段的人群，其中也包括儿童和青少年。研究表明，与过去相比，如今抑郁症的发病年龄有减小的趋势，并且抑郁症经常和其他精神健康问题（如慢性焦虑和行为障碍）并存。承受压力、有家族精神病史或经历了重大损失的学生患临床抑郁症的概率较高。

抑郁症的常见症状如下。

- 持续悲伤和易怒。
- 对曾经感兴趣的活动丧失兴趣。
- 食欲和体重发生显著变化。
- 难以入睡或嗜睡。
- 无法集中注意力。
- 不断萌生死亡或自杀的想法。
- 经常抱怨身体不适（如头疼、肚子疼）。
- 突然大喊大叫、怨天尤人、无故哭泣。
- 长期情绪烦闷或冷漠。
- 没兴趣和朋友一起玩。
- 酗酒。
- 不爱出门、社交孤立、不善于与人沟通。
- 对别人的拒绝或事情的失败极其敏感。
- 不同于平常性格地乱发脾气、反抗或做出对抗行为。
- 风险行为增多。

如果有学生表现出抑郁的症状，教师应把观察到的异常行为记录下来并注明日期，同时记录所采取的措施和所有后续观察，甚至应该把这些记录放在学生永久性的档案里。教师还应与学校的心理咨询师交谈，在学生父母一致同意后，可与咨询师讨论为学生安排一次心理咨询疏导。学校的护士也可以提供一些资源。之后教师可以向学校管理人员请教，参考学校或地区的政策并采取措施。

自杀

自杀是导致10~19岁年轻人死亡的第三大主要原因（CDC, 2013）。经历了重大个人损失，身体或精神虐待，抑郁或其他精神健康问题的学生的自杀风险更高。徘徊在自杀边缘的学生会频繁地表现得非常悲痛，这是自杀之前的警报信号。识别这些信号是他们的父母、教师和朋友的重要任务。

儿童和青少年自杀的警报信号包括以下几个。

如果出现抑郁问题，学生可能会表现得不合群和不快乐。

- 表达求死愿望的自杀遗书或自杀日记。
- 表达求死愿望的直接声明或间接评论。一句玩笑，或者对学校作业发表的意见中都可能隐藏着关于自杀意愿的间接暗示。
- 曾经尝试过自杀。
- 抑郁（无助、绝望）。
- 做出不符合原有性格特征的冒险行为。
- 将自己珍贵的财产赠予他人。
- 无法集中注意力或清醒地思考。
- 行为习惯或外貌发生变化。
- 个性或行为突变。

发现这些信号时，教师应立即请教学校心理咨询师、学校护士或管理人员以找到最好的干预方法。

自我伤害行为

非自杀式自我伤害（NSSI）行为可被定义为所有有意实施的、对自己的身体会造成一定程度的伤害的行为。自我伤害行为不是一次性的，而是应付自己不愿面对的或者强烈的情绪时的一系列关联行为。有些研究发现，年龄仅7岁的儿童也可能有自我伤害行为。儿童可能会通过划、撕扯、牙咬、灼烧、用头撞击别的物体、扯头发或拔睫毛等行为伤害自己。通过观察无法愈合的痂、皮肤上的疤痕或新鲜的瘀青也可以发现儿童的自我伤害行为。自我伤害最常见的部位是手腕和前臂，除此之外，在脸部、生殖器官、大腿、小腿、腹部和胸部也可以看到自我伤害的痕迹。

自我伤害的迹象可能包括以下几个。

- 着装变化（如为遮住伤口突然带上帽子或穿长袖衣服）。
- 情绪和个性变化。

- 更加不合群。
- 无法承受压力。
- 行为倒退（如在学校把自己弄得很脏、发脾气）。
- 学习成绩下降。
- 朋友关系变化或结交一拨新朋友。
- 不遵守学校纪律。
- 更加易怒，情绪消沉。

如果有人告诉学生要隐藏自己的情感，因为没有人会在意他们的情绪，学生就可能会表现出非自杀式自我伤害行为。明智的教师和学校管理者需要接受培训以掌握非自杀式自我伤害行为的识别方法，从而在真正出现问题之前及时发现，并为学生推荐合适的健康护理专业人员。

进食障碍

进食障碍是一项严重的、可能危及生命的病症。进食障碍会影响患者的心理健康和生理健康。与男性相比，女性患进食障碍的比例更高。到6岁时，女孩就会开始关心自己的体重和体形。研究表明，超过40%的小学阶段的女孩（6~12岁）关心自己的体重，担心自己变胖（O'Dea & Caputi, 2001）。进食障碍是一大类疾病，其中包括厌食症、暴食症和贪食症。这些障碍都与过度关注食物、体重和体形有关。

厌食症的特征包括过度在意食物、害怕增重、体重明显下降以及处于成长中的小学年龄段的学生的体重无法正常增加。学生经常觉得自己很胖，而事实上他们可能非常瘦。对身体形象的这种扭曲认知也是进食障碍的特征之一。难以分辨和管理自己的感觉通常会导致无法控制自己正常摄入食物。暴食症和贪食症在小学年龄段的学生中并不少见。暴食症和贪食症的特征表现为失去控制地过量进食和暴饮暴食，然后为避免增重而催吐、大量运动或节食。

有进食障碍风险的学生具有以下类似的性格特征，如极度焦虑、低自尊和强迫症。限制进食、控制自己的体形是一种可以让学生感觉到自己对生活有掌控能力的途径。早期干预对缓解进食障碍至关重要，因此，识别有进食障碍风险的学生至关重要。经过适当培训的心理咨询师可以处理可能导致学生出现进食障碍的社交或情绪问题。

健康的智力维度

智力健康涉及思考能力、智力发育和精神刺激，是对新想法或经历进行思考以开发理解力和洞察力的过程。智力健康的学生勇于挑战、开拓创新，富有求知欲，并善于不断化解冲突和解决问题。健康的智力维度还包括旅行和文化活动。

多元智能理论提示我们，传统的智力观点太过局限，特别是将智力归结为单一的智商（IQ）。我们应该从以下8个更广泛的维度来理解智力。

- 口头语言智力（语言能力）。
- 数学逻辑智力（逻辑能力）。
- 身体运动智力（身体能力）。
- 视觉空间智力（空间能力）。
- 音乐智力（音乐能力）。
- 自然观察智力（自然能力）。
- 人际关系智力（人际能力）。
- 自我认知智能（内省能力）。

教师要明白学生的智力不仅是指IQ，在每天的课堂教学中要注意刺激学生各方面的智力发育。关于多元智能和学习方式的

更多讨论内容参见第3章。

教师在激发学生的求知欲方面发挥着重要的作用，包括给学生时间和机会探索未知领域，实地考察旅行，通过展示个人海报分享个人兴趣爱好等。教师要捕捉教育契机给学生讲述天气或自然界的一些有趣现象，如树叶变黄或蝉蜕。教师要放手让学生尝试使用各种测量工具，如卷尺、塑料温度计、磅秤、天平、水平尺、量杯、计步器、测量轮和秒表等。

教师可以邀请父母、学校管理人员、社区负责人或其他特邀演讲者到教室和学生们分享他们的兴趣爱好、职业、旅行经历等。教师可以为学生提供各种各样富有启发性的同时适合他们这个年龄段阅读的书籍、报纸、杂志和旅行手册，允许他们在教室内阅读或者借阅回家。当地的图书馆、旅行社、商会或学生的父母可能愿意把这些资料保存下来捐给需要的人使用，而不是把它们丢到垃圾桶里。

教师还可以为学生和学生的父母提供具体表演信息以支持学校和社区的音乐、艺术和戏剧节目。如果有空，教师也可以参加表演，能让学生自己编排并表演就更好了。教师可以给学生的表演拍照，将照片贴在教室内展览，或者把照片集中放到一本相册里，或者发布到班级的网站上。

我们鼓励小学教师为满足学生的求知欲给学生布置丰富或经改良的课堂作业。有些学生非常聪明，被认为是有天赋的学生，他们的普遍特点包括语言能力强、记忆力超群、能快速接受新事物、学习能力强、喜欢提问等。有时候天赋高的学生会因为课堂知识太无趣而陷入自己的思想世界，并

因此出现问题行为。很多小学为这种特殊学生提供了资优和才优课程，这些课程通常需要通过特殊的考试才可以加入。

健康的身体维度

健康的身体维度的特点是将健康行为融入日常生活。这个健康维度的典型行为包括日常的锻炼、食用健康食品、不使用烟草制品，以及咳嗽或打喷嚏时掩住口鼻等。

预防疾病传播

学校里的绝大部分疾病都是由病毒引起的感冒或流感造成的。即使是接种了疫苗的学生也会传播病毒，导致其他学生流鼻涕、喉咙痛、咳嗽、呕吐甚至腹泻。因此，预防常见的传染性疾病非常重要。

手部卫生

保持双手清洁是减少细菌传播并预防疾病的最好办法。使用正确的洗手方法可预防由于接触他人的双手或他人双手触摸过的物体表面而感染细菌或病毒。教师在倡导双手清洁中起着重要的作用，具体措施包括使学生养成良好的手部清洁卫生习惯并以身作则。学校为减少传染病的传播必须提供洗手皂、纸巾和热水等必要物资。学生应每天多洗手，一般在准备食物前后、进食前、咳嗽或打喷嚏后、上厕所后、处理切口或伤口前后以及触摸垃圾、触摸动物和动物生活环境中的物体后，都应该洗手。

正确的洗手方法如下。

- 用流水冲洗双手，抹肥皂。
- 双手互搓打泡，记得手背、手指缝和指甲盖下面也要打泡。
- 用力擦洗双手20秒。
- 用干净的流水冲洗双手。
- 用干净的毛巾擦干或风干双手。

为让学生掌握正确的洗手方法，需要向他们反复演示。教师还可以把洗手方法的操作图示寄到学生家里，让父母和学生一起在家里练习正确的洗手方法。

虽然很难想象，但是有些教师觉得时间太过紧迫，所以不让学生在午餐前洗手。如果学校能为学生提供洗手皂和水肯定更为理想，不过如果条件有限，也可以提供免洗洗手液。

除洗手之外，学校应每天找几次机会用消毒液擦拭桌子、桌面和门把手。这一措施在感冒和流感多发季节尤其有益。安排几名学生帮忙并为他们发放一次性手套，然后用消毒剂浸过的一次性湿巾来完成这一重要任务。

呼吸礼仪

呼吸道传染病可以通过咳嗽或打喷嚏时飞溅的飞沫在人群中传播。感染者的飞沫会随空气的流动落在附近人的身上或者人们经常触摸的物体的表面。为避免呼吸道感染，咳嗽和打喷嚏时应该用纸巾掩住口鼻，之后要立即将纸巾扔到垃圾桶里。教师应教授学生呼吸礼仪并带领学生练习，告诉学生如果没有纸巾可以用手臂掩住口鼻。学生可以假装用纸巾或手臂掩住口鼻咳嗽或打喷嚏来进行练习。教师可以将呼吸礼仪要求传达给学生的父母，让父母在家里向学生强调呼吸礼仪的重要性并和学生一起练习呼吸礼仪。

在新学年开始时，教师一定要在教室物资供应清单中提出配备盒装纸巾的要求。

数字素养和网络安全

不通过网络访问海量信息就来讨论健康的智力维度必然是不完整的。数字媒体给现代生活带来了特殊的改变。移动技术的使用、不受限制地访问各种信息和用户产生的内容深刻地影响着学生的学习方式和他们对这个世界的印象。数字素养是适当地使用技术，解释和理解数字内容并评估其可信度，以及利用合适的工具创建、研究和沟通的能力（Common Sense Media, 2009）。教师应该为学生创造机会，让他们探索在网络上担负责任和受人尊重的意义。探索可以包括以下部分或所有主题。

- 原创与剽窃。
- 在互联网上如何保护隐私。
- 对网络礼仪的共同期待。
- 数字足迹的重要性。
- 数字修图方法以及这种修图对健康和美丽观念的影响。

虽然互联网可以成为非常棒的学习工具，不过教师必须告诉学生如何安全和负责地使用互联网；告诉学生未经父母同意不可以在网络上泄露自己的个人信息、密码或把自己的照片发给网友；告诫他们如果互联网或社交媒体上有任何让他们感觉不舒服的人或者事件，一定要告诉教师或者父母；不应回复不当信息或同意与网络上认识的人会面；玩游戏时，学生不应该向陌生人提供自己的真实姓名或家庭住址，绝对不可以提供真实的照片、影像资料或打开连接了网络的摄像头。出于同样的原因，学生需要知道，在虚拟世界中，人们可能不是他们看上去的样子。

有很多可用资源可以帮助教育工作者、父母和学生应对千变万化的数字世界。美国全国失踪与受虐儿童服务中心向中学发起倡议，提出用他们的在线网络安全测试来测试中学生的"网络智力"。美国国家网络安全联盟为儿童、10~12岁人群和青春期人群提供了网络游戏安全小贴士。教师可以考虑在家长会或情况介绍会上把链接发给学生父母，或者附在班里发给家长的快报中，或者发布在班级或学校的网站上。

如果感冒和流感多发季节到来时纸巾已经用完，可以请学生父母继续提供纸巾，不要觉得不好意思，如果可以减小自己孩子班上的细菌传播概率，绝大多数父母是非常乐意提供的。

标准预防措施

标准预防措施（也称作通用综合预防措施）是指为预防在血液或其他体液中发现的传染源的传播而制定的指南。美国疾病控制与预防中心建议接触粪便、鼻腔分泌物、唾液、尿液或呕吐物的人应该戴手套。

标准预防措施是为降低已知和未知来源的传染病传播风险而专门制定的指南。细菌可以通过血液或体液在任何时间向任何人传播。例如，你可能无法获悉某个人是否感染了乙肝，甚至有时候感染者自己都不知道。标准预防措施指示在所有可能接触血液或其他体液的情况下都要假设所有人都是传染病感染者并相应地规范自己的行为，这可以保护自己和其他人。不论所处环境是否需要接触血液或其他体液，都应该始终采取以下标准预防措施。

- 接触前后洗手。
- 使用一次性乳胶或乙烯基手套（使用后装在塑料袋内丢弃到垃圾桶里）。
- 用消毒剂和水清洗接触血液或其他体液的区域。
- 妥善处理接触过血液或其他体液的所有物品，具体包括将这些物品装进塑料袋然后丢弃到有红色生物危害标志的容器中。特殊情况下，儿童手术使用的物品（如刺血针或注射器）也需要装在特殊容器中丢弃。"锐器盒"可安全储存小刀和针，切勿将这类物品直接丢到垃圾桶里。

虐待和忽视儿童

虐待和忽视儿童仍然是严重的公共健康问题，会给儿童带来持久的不良影响。虐待儿童会破坏儿童的大脑发育，损伤儿童的免疫系统，让儿童在年少时期就面临一系列健康问题（包括抑郁、药物滥用、酗酒和某些慢性疾病）风险。美国法律规定，教师如果发现疑似虐待和忽视儿童的事件需要上报，上报此类问题的人被称作强制报告人。只要是出于善意的上报，强制报告人都可以免于承担由此产生的法律责任。教师几乎每天都会和自己的学生发生接触，处在最容易发现儿童被虐待和忽视的位置。在所有岗位中，教师可能是能够最先注意到某一名学生正在受到某种形式的虐待或忽视的职位。如果及时发现了这种情况，教师的行为将可能改变受虐待或忽视的学生的命运。有4种常见的虐待儿童的形式，分别为身体虐待、性虐待、精神虐待和忽视。下面将介绍这4种虐待的定义和特征。

身体虐待是指所有导致儿童的身体受到非偶然性伤害的行为，不论造成这种后果的行为的最初意图是什么，都属于虐待。身体虐待包括造成可疑瘀青、鞭痕、切口、刮伤和骨折等。受到身体虐待的儿童通常会有以下某些特定的行为。

- 与他人发生身体接触时表示不舒服。
- 与成年人接触时表现得非常警觉。
- 其他孩子哭泣时非常同情别人。
- 行为两极化（侵略性很强或非常畏缩）。
- 害怕自己的父母。
- 害怕回家。
- 每天早早来到学校，很晚才回家。
- 跟教师说自己被父母伤害。
- 抱怨身体酸痛或活动时表示不舒服。
- 为盖住某些身体部位，穿戴与天气不匹配的服饰。
- 经常离家出走。
- 上体育课时不情愿换衣服（试图掩盖伤痕和瘀青）。

忽视是指监护人没能满足儿童的成长和相关的需求。忽视可能涉及没能为儿童提供应有的食物、衣物、住所或监管。受监护人忽视的部分儿童可能会在身体和行为上有某些特定的表征。

身体表征

- 看起来营养不良，总是感到饥饿。
- 总是犯困，好像睡眠质量不好。
- 身上有未经治疗的伤口，如严重感染的切口或牙疼。
- 身上经常出现监管失职而导致的伤口，如长期被他人伤害。

行为表征

- 由于长期挨饿而乞讨或偷窃食物。
- 身上明显很脏。
- 所着衣物不适合当天天气。
- 遭遇事故或受伤。
- 出现风险行为（酗酒）。
- 人际交往能力差。

性虐待是指对儿童实施的所有性行为，可能包括乱伦、强奸、猥亵、爱抚、强迫儿童卖淫和制作儿童色情作品。对儿童的性虐待会毁灭性地摧毁儿童对这个世界的信任。此外，实施性虐待的成年人可能会通过威胁和恐吓让儿童保持沉默。受到性虐待的儿童无疑会出现一系列情绪反应，包括羞愧、负罪、抑郁、焦虑和情绪波动，这并不奇怪。教师可以在课堂上明显看出儿童受到性虐待之后的各种行为表征，其中包括以下行为。

- 言谈中表现出了解这个年龄段的儿童一般不会知道的性知识和性行为。
- 画作中存在性暗示。
- 做出非常性感的动作。
- 回避或试图回避家里的成年人。
- 表现出创伤后应激障碍。
- 睡眠不佳或做噩梦。
- 畏缩。
- 声称自己受到了虐待。

精神虐待是最难定义的一种虐待形式，但是精神虐待的后果可能是毁灭性的。监护人典型的精神虐待儿童的行为如下。

- 轻视或嘲笑儿童。
- 恐吓儿童。
- 忽视儿童或拒绝儿童的请求。
- 对儿童使用奇怪的惩罚方式（如把孩子锁在黑屋子里或壁橱里）。

儿童受到精神虐待后可能有以下举动。

- 习惯异常（吮吸手指、啃指甲、摇摇晃晃）。
- 行为异常（反社会行为、破坏行为）。
- 神经质（出现睡眠障碍、不愿和同学玩耍）。
- 极端行为（顺从、被动、无要求、好斗、苛刻或发怒）。
- 不正常的行为（不恰当的老成行为、不恰当的孩子气行为）。
- 自我伤害行为，尝试自杀。
- 残忍，似乎以伤害他人或动物为乐。
- 违法行为。

由于各种原因，让受虐儿童向成年人坦诚自己所受的虐待行为是一件非常困难的事。受虐儿童通常会有羞耻感，这些儿童还可能在一定程度上畏惧施虐者。受虐儿童可能会认为如果自己披露了受到虐待的事实，别人也不一定会相信。此外，施虐者通常会威胁儿童，导致儿童对披露虐待经历可能导致的后果有恐惧感，因此儿童难以做出披露事实的抉择。一些儿童可能会以不那么直接的方式表现出来。例如，受虐学生可能会说这样的话："如果一个小女孩被人触摸了不该摸的地方，然后她告诉了别人，会有什么后果呢？"还有一个典型的情况是只有在教师承诺不告诉其他人的情况下，受虐学生才会告诉教师他的受虐经历。

学生披露受虐经历时，教师以适当的方式做出回应是非常重要的，而且这会产生非常重要的影响。教师完全不回应会让学生感到更加焦虑、被遗弃，没有安全感。不过，若教师做出太大的情绪反应也可能会吓到学生，使他不敢继续告诉你更多信息。对于在学生们披露自己受虐经历后教师应该如何回应，下面提供了几个建议。

- 找一个私密的、不会有人来打扰的地方。
- 未经学生许可不要触碰他，受到虐待的学生可能会把触摸和虐待联系起来。
- 保持镇定。
- 避免使用学生可能无法完全理解的技术用语。
- 尊重学生的披露方式。如果学生披露的事情经过了编造（如声称虐待发生在别人身上），教师可以鼓励学生勇敢地说出实情。不用多久，学生通常就会透露自己才是真正的受害者。
- 告诉学生发生这样的事情完全不是他的错。
- 试着挖掘足够的信息以确定学生的人身安全。
- 让学生知道现在你知道了他受到虐待或忽视的事情后将采取怎样的行动。
- 告诉学生你不会将这件事情告诉其他人，让他放心，但是要告诉他你需要将这件事上报并求助心理咨询师。

教师没有义务证明虐待或忽视学生是否确实发生，但只要怀疑学生受到虐待就应该上报，所以了解学校的上报制度和程序至关重要。教师可以和校长核实以了解学校的上报程序。上报时，学校可能会要求教师提供书面材料说明存在这种担心的原因，要求教师向儿童保护服务机构提供报告。专门接收来自学校的强制报告人报告的工作人员必须在儿童保护服务机构收到报告后，通知最初的报告人并告知报告结果。

校园暴力

校园暴力是指在学校内、上学或放学路上以及学校主办的活动期间发生的青少年暴力的行为。校园暴力可以预防。研究显示，通过父母、学校管理者、教师和学生的努力可以减少校园暴力的发生，增加每个人的安全感。预防措施需要多方参与并实施持续的综合措施。要想成功地预防校园暴力，首先要创建评估系统并反复评估学校暴力事件的发生情况，包括事故或报道事故的次数、惩戒程序和此前的干预措施。接下来的当务之急是制定和实施综合计划以保障校园安全。该计划应涵盖学校建筑范围内、教室和每个学生个人层面的政策和实践，同时应着力于减少欺凌以及其他形式的同伴受害事件的发生。

学生变得暴力，原因可能各不相同。有些学生是模仿自己在家、所居住的社区、电子游戏厅、电影或电视中看到的行为。有时候成为暴力学生的人本身就是欺凌的受害者，这些受害者感觉自己被孤立、不被同伴接受，从而变为暴力学生。容易使学生产生暴力行为的因素如下。

- 曾经是暴力受害者。
- 注意力缺陷、多动症或学习障碍。
- 抽烟、喝酒或使用其他药物。
- 智商太低。
- 自我控制能力差。
- 社会认知或信息处理能力差。
- 有应激情绪。

- 曾因情绪问题接受过治疗。
- 家庭内部存在暴力和冲突。

欺凌与网络欺凌

欺凌是美国学校的一个突出问题。在一项美国全国研究中，接受调查的学生中有接近30%的人曾作为施害者或被害者参与过欺凌事件（Smokowski & Kopasz, 2005）。一项研究显示，在5名中学学生中就有不止1名学生声称自己曾由于害怕被欺负而不敢上学校的厕所；在所有学生中，至少有20%的学生在上学的大部分时间里都受到过惊吓（Smith & Brain, 2000）。需要注意的是，并非学生之间的所有身体或语言冲突都属于欺凌，区分普通的争执和欺凌非常重要。欺凌的特征是发生反复的身体或精神损害并且涉事双方力量不平衡。

男孩和女孩都可能会做出欺凌行为，但是具体的表现形式存在明显不同。例如，男孩一般会直接欺凌，包括人身攻击和口头威胁。而女孩一般会采取间接的、隐蔽的欺凌方式，例如在某一个活动中故意排挤其他人或者散布谣言。不过除此之外，我们也可能会遇到不那么典型的欺凌事件。

施害者的共同特征

- 有破坏性、冲动、无法忍受挫折。
- 家庭状况不和谐（父母敌视孩子、排斥孩子、对孩子非常冷漠）。
- 家庭惩戒规则经常自相矛盾，惩戒人经常采取身体惩戒方法，并且非常情绪化。

被害者的共同特征

- 通常个子较小，或者与施害者相比显得非常弱小。

- 一般比较安静、谨慎、焦虑、没有安全感，非常敏感。
- 沟通能力差，缺乏解决问题的能力。

教师和父母可能不会严肃对待欺凌。事实上，目前仍然存在一种误解——认为欺凌是孩童时期无法避免的现象。不幸的是，欺凌被害者出现身体和精神健康问题的概率更高，还可能发展为抑郁和低自尊，他们甚至会尝试自杀或成功实施自杀。欺凌会给整个校园中的学生（不仅是被害者，还包括旁观者）带来不安、恐惧和悲伤的气氛。

网络欺凌是利用现有技术实施的一种欺凌。网络欺凌可能包括使用邮件、短信、即时通信、社交网站、智能手机和网站骚扰或欺负他人。年轻人实施网络欺凌采用的技术在不断变化，因此网络欺凌的变化趋势难以预测。2007年，美国有4%的高中学生声称自己在整个学年的某些时间内受到了网络欺凌（Dinkes, Kemp & Baum, 2009）。数据显示，女生比男生受到网络欺凌的概率更高。网络欺凌带来的影响可能远超其他欺凌方式，因为技术的发展使得人们如今比以往任何时候都更容易接触到更多的信息和人。同时，这种形式的欺凌因更难回避，而在某些方面可能更具破坏性。网络欺凌可以每周7天、每天24小时不间断地进行。信息和图片可以匿名发布到网上并快速传播给大量用户。

网络欺凌的形式多样，可能包括以下这些形式（Willard, 2007）。

- **网络斗殴**。网络斗殴是充斥着愤怒和粗俗言语的电子信息斗殴。
- **骚扰**。反复发送低俗和侮辱性的信息。

- **诋毁**。发送或上传关于某人的流言。
- **伪装**。假装成他人并散布或上传关于个人的信息，让这个人陷入麻烦和危险之中，或者破坏这个人的声誉及其与他人之间的友谊。
- **暴露**。在网上分享他人的隐私、难以启齿的经历或让人尴尬的图片。
- **戏弄**。采用欺骗的方法让某人说出自己的秘密，然后将这个秘密分享到网上。
- **排挤**。故意、残忍地将某人从网络团队中踢出。
- **网络跟踪**。不停地反复骚扰（包括威胁）。

欺凌和网络欺凌影响着今天的很多年轻人，值得教育工作者和父母多多关注。处理欺凌问题的最好办法是制定并推行校内预防计划，以及制定全面计划以实施严格的反欺凌政策。第一步是采访学校工作人员，确定欺凌的发生频率、发生地点，学生和成年人采取的干预行动，以及现有政策是否有效。第二步是利用来自父母、学生和教师的反馈推行严格的政策，推行新的行为准则和欺凌报告系统。利用学校集会、家长会和学校网站教育学生和家长，提高他们对欺凌问题的重视程度。另外，不间断地定期沟通对于营造拒绝欺凌的环境非常关键。

返校物品清单

正如本章提到的，有些物品有助于促进学生的健康。学校的预算有限，因此如果可以，建议请求学生的父母提供帮助。向学生父母说明学校把孩子的健康放在第一位，在物品清单中建议学生返校时携带以下物品。

- 家庭装盒装纸巾。
- 大盒消毒纸巾。
- 可重复使用的水瓶。
- 洗手液（学生放在课桌上自己使用的小瓶洗手液和供全班学生使用的大瓶洗手液）。

在整个学年中不时提醒学生父母为孩子准备这些物品可以极大地促进学生的健康，减少疾病的传播，以及减少学生缺课的现象。

不利于促进
健康的教学行为

正如教师可以在日常课堂生活中引入健康的行为，教师也可能引入有害学生健康的行为。这些行为可能导致学生生病、脱水、营养不良、尿道感染、出现行为问题和社会化的倒退以及心理压力。这些行为中有一些是经常发生的。

- 因为学生的课堂表现不好而惩罚他在课间休息时待在座位上。
- 课间休息时让学生待在教室里完成没做完的家庭作业或课堂作业。
- 午餐时间不允许学生说话或者把学生单独安排在某一个角落。
- 午餐前不洗手。
- 把食物当成奖品奖励给学生。
- 以不许学生吃饭的方式惩罚学生。
- 课间休息或体育课后不给学生喝水的时间或只允许学生喝一两口。
- 以不许学生上厕所的方式惩罚学生。

- 在学校的正常上课时间内允许学生在学校的自动售货机上购买垃圾食品或含糖饮料。
- 在课堂庆祝活动中允许学生食用垃圾食品或含糖饮料。
- 在学生面前食用垃圾食品或含糖饮料。

今天就下定决心，以后不再出现这些不健康的教学行为。教师应抵制诱惑，树立榜样，并将促进学生的健康当作每天的课堂教学的首要任务。

小结

教师是课堂健康的守护者。身处教师职位的你可以发起各种简单的活动来促进学生健康并改善学习环境。教师每天都应该坚持洗手、保持健康的饮食标准、树立好的榜样，或者露出温暖的笑容、说一句善意的话。教师可以为整个学年的每个月设置一个与健康相关的主题，并将每个健康主题渗透到教学活动中。定义健康的6个维度在小学课堂中有着广泛的实际应用，其中涉及呼吸礼仪和网络欺凌。利用好返校物品清单也可以促进课堂健康。此外，教师应避免做出对促进学生健康无效甚至有害的行为，如把食物当作奖品或者以剥夺课间休息时间的方式惩罚学生。

复习题

1. 内在奖励和外在奖励之间的区别是什么? 请举例说明。

2. 小学教师在表示对学生的认可时可以使用的免费或成本很低的方法有哪些?

3. 为什么对于教师来说,制定关于参加班级庆祝活动时的食物的规定是非常重要的?

4. 班级集体实地考察旅行存在哪些安全问题?

5. 阐述进食障碍和小学课堂环境之间的关联。

6. 数字素养是什么? 为加强数字素养,小学教师可以做些什么?

第7章

创建活力课堂

目标

- 了解间隔活动和大脑休息的方式。
- 演示自制运动器材的方法。
- 了解小学教师的恰当的教学实践指南。
- 利用安全评估表评估操场、体育馆和器材是否安全。
- 制定教室行为管理方案。

缺乏活动会影响人的身体健康，而运动和系统的体育锻炼则能让身体保持良好状态。

——柏拉图（Plato）

小学课堂是动态的学习环境，教师可以选择创建一个有活力的课堂，也可以选择要求学生整堂课都端坐不动。随着人们对当代学生健康状况越来越关注，教师只要略微将身体活动引入课堂，就可以大大改善学生的健康状况。教师应有意识地将身体活动融入日常教学活动中。本章将就创建有活力的课堂的基本原则展开讨论。

要创建健康、有活力的课堂，首先要从教师做起。如果教师对健康、有活力的生活方式富有激情，这种能量会在教学环境中营造一种非常明显的积极氛围。教师可以通过简单的海报和公告栏宣传的方式鼓励孩子参与体育活动，从而促进课堂健康；也可以通过设计课堂，将健康、有活力的生活理念融入课堂作业（包括课堂讨论、阅读、写日记和角色扮演）中。营造这种健康的课堂气氛要从向有活力的课堂的转变开始。

间隔活动和大脑休息

研究表明，教学期间短暂的活动和休息可提高学生的注意力和改善学生的课堂表现（Trost, 2007, p.3）。教学期间的身体活动和休息给学生提供了活动、社交的机会，让他们可以站起来、离开教室，换一个环境放松一下。建议在连续坐50分钟后或在切换不同学科课程时安排课间休息活动。美国疾病控制与预防中心（2010）声称，课堂教学期间安排5~20分钟的活动和休息可以延长学生集中注意力的时间、改善学生的课堂表现、提高的学生考试成绩，还可以提高其身体活动水平，帮助学生以更集中的注意力快速回到学习状态。这里提供几个间隔活动和大脑休息期间可以进行的小活动。

- 随着音乐跳舞。打开音乐（如"hokey pokey"）或视频片段（如"Sid shuffle"），让学生随着音乐节拍或模仿视频片段跳舞。

- 拉伸、瑜伽姿势或运动。教师大声喊出拉伸、瑜伽姿势或运动的口令，学生坐在座位上或站在座位旁做动作。

- 交叉动作。学生原地踏步，同时用右手手肘碰左腿膝盖，然后用左手手肘碰右腿膝盖。

- "懒8字"动作。这个动作可以帮助学生跨越躯体中线，还可以促使左右脑相互交流，强化神经细胞通路并激活学习活力。学生模仿水平8字摆出相似的姿势，先用单手然后用双手。左右手各重复3次，然后双手重复3次。

将体育活动融入理论课教学

课堂教师可以选择在教室内的理论课授课过程中增加活动，也可以选择直接到户外或者体育馆上理论课。在学习过程中多参与体育活动将影响学生的健康行为习惯。教师面临的挑战是在教学期间通过整合有意义的活动，使学生从久坐的状态转变为活跃的状态，并进行高效率的学习。课堂体育活动有助于改善教师授课期间学生的听课行为，提高学生在学校的身体活动水平（CDC, 2010）。教师可以在教室里设立一个练习题角，学生需要围绕教室活动才能完成任务。回答课堂问题时，学生可以直接站起来或走到讲台前面回答，而不用坐在座位上举手回答。教师可以在课堂转换和课间休息时安排学生活动。在教师或教师指定的学生分发材料时，与其让学生无所事事地坐着等待下一个活动开始，不如让他们站起来做拉伸或瑜伽动作。教师可以将活动融入数学课（如使用身体部位或器材、鼓掌或运球计数）、社会课（如根据历史事件的情节进行角色扮演）、科学课（如通过杂要演示重力作用）和语言艺术课（如沿粉笔线找字或词）等。更多关于如何创建综合性的活跃学术课堂的方法参见第9章。

参见实验7.1，练习如何进行头脑风暴。

活力课堂需要的运动器材

大多数课堂教师都没有那么强的经济实力为活力课堂购置器材，解决这个问题的办法之一就是自己制作运动器材。用纸或纱线卷成球，然后缠上胶带增加球的重量也可以制作球。自制沙袋也很简单，把大米或豆子装在袜子或其他可以缝起来的材料中即可。裁剪带手柄的牛奶罐或其他塑料瓶可以制作铲子，用衣架和软管可以制作出球拍。开动脑筋，发挥创造力，自制跳

DIY运动器材来源

PE门户网站是学习运动器材自制方法的最佳网络资源。这个网站网罗了大量可供教师采用的创新理念。自制器材的部分包含50个以低价或无须任何成本即可制得的运动器材。

绳、飞盘、铁环、节奏棒和球棒。至于那些无法用可回收材料制备的运动器材，教师可以向体育教师或社区人员借。

表7.1就活力课堂应该准备的基本运动器材及其使用给出了建议。参见实验7.2，了解如何自制运动器材。

课堂组织与管理技巧

活力的课堂需要教师使用不同的课堂组织与管理技巧。为了成功创建有活力的课堂，教师可以参考以下建议。

开始和停止信号

教师设置并使用固定的开始和停止信号对活力课堂的创建至关重要，尤其是在课堂上要使用器材的时候。例如，活动停止信号可以是口头示意（如说"木头人"）；举

表7.1　活力课堂的基本运动器材及其使用建议

器材	用途
沙袋、气球、沙滩球、毛毛球、泡沫球、网球、飞盘、威浮球和软质碰碰球	投掷、用力抛掷或击打物体
铲子	接住物体
球拍、桨、球棒、棍棒、棍	击打物体
跳绳、橡皮筋、铁环、指挥棒、彩带、节奏器	摇摆、转圈、挥舞、拉扯、摇动或跳跃
锥形体、基座、小圆点和地毯方块	标记物和提示空间位置

起手，手指和声音同时从5到1倒数；有节奏地鼓掌并让学生按照你的节奏回应；在学生活动时播放音乐，希望学生在停止时关闭音乐等。根据格拉哈姆（Graham）、霍尔特（Holt）、哈勒（Hale）和帕克（Parker）的理论（2012），不论是哪种信号，学生在收到信号时都知道该怎么做。例如，当教师举起手并从5倒数到1时，学生会放下器材，看向教师。

学生分组

　　学生分组不应耗时过长，切忌让组长自己选组员。教师可以按照学生的能力、性别、社会相容性或体格分组。教师需要牢记的最重要的一点是要控制各组人数，确保各组内的所有学生都可以参与活动，而不是有人需要等待或全程只能观看。教师可以考虑采用以下分组方法：身高差不多的学生背靠背站立；生日在同一个月的学生在一组；鞋子颜色相同的4名学生在一组；教师给学生分发彩色冰棒，拿到同样颜色的冰棒的学生为一组；将协作关系好的学生分在一个组（如果某几位学生在同一个组时总是引起关注，导致其他学生分心，则应该把这几位同学分别安排在不同组）。另一个分组方法是利用App，例如，"Team Shake" App就是一个很好的分组工具，这个App可以利用平板电脑或智能手机将一个班级的同学分成若干组。

适当的空间间隔

　　一定要合理利用教室空间，以学生的安全为首要考虑因素。让学生向同一方向运动是一个有利于保证学生安全的重要措施，这样可以降低学生之间发生碰撞的风险，因此一定要在学生分散到各自位置之前明确地向学生传达活动的具体方向。如果由于场面混乱影响了学生的活动效率，应把学生重新聚集到一起并再次传达活动指令，然后再让他们回到各自的位置继续活动。需要改变活动指令时，教师可以发出指令让学生向中心地带聚集，向学生说明新的指令，再让他们回到各自的位置活动。

器材管理

　　学生不应该在教师讲话时摆弄运动器材。教师的指令往往在活动则开始时更容易传达到位，因为一般这时候学生还没有拿到器材。而在活动过程中，教师需要发布指令或做说明的时候，就需要制定规则，让学生在收到教师指令时将器材放下。例如，教师可以要求学生听到指令后把器材放在地上并看着教师。这条规则可以降低教室的吵闹程度，让学生更好地听清楚教师的指令和说明。

　　器材分发是课堂上经常需要做的工作，教师需要在短时间内有序地将器材分发到每个学生手里。分发前，教师要明确说明学生应该去哪里以及将要做什么。教师可以将器材分开放置在若干位置，方便学生快速且安全地领取。还有一个器材分发方法是让每个组的组长领取整个组的器材，然后由组长在本组活动范围内将器材分发给组员。这种方法可以让学生在拿到器材后尽快开始活动。

　　学生可以利用不同大小和重量的器材

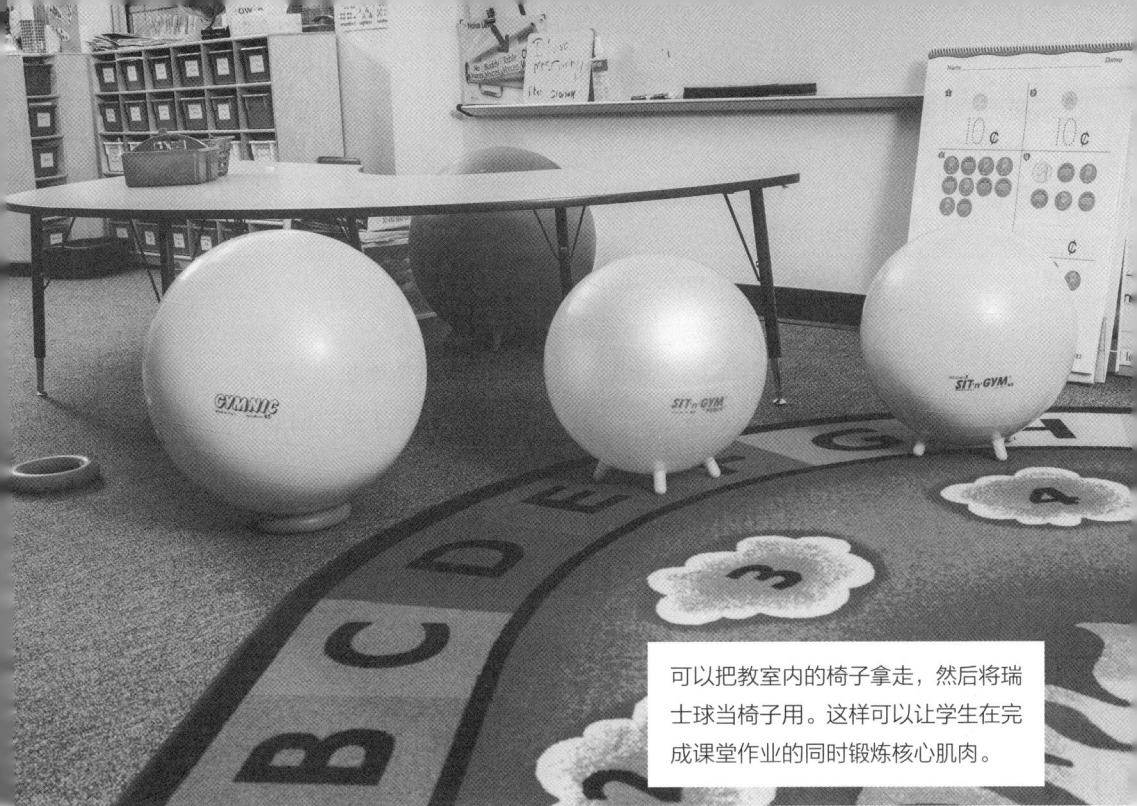

可以把教室内的椅子拿走，然后将瑞士球当椅子用。这样可以让学生在完成课堂作业的同时锻炼核心肌肉。

挑战自己的体能，取得体育锻炼的成效。为每一名学生都配备一套运动器材是最理想的，如果无法做到这一点，那么至少应该每2名学生配备一套器材。课堂教学快结束时，学生应该有序地归还运动器材。如果是在体育馆上课，则可以把器材留在馆内。活动结束后让学生按照与领取器材时相同的方法归还器材，再让小组里的某个组员或组长帮忙将所有器材收回并归置到合适的区域。

使用有效的沟通技巧

要营造一个积极的教学环境，就要在给出活动指令之前使用有效的沟通技巧，告诉学生应该什么时候进行活动。例如，"我说'go'，就是让你去做"。这一重要的交流技巧可以让注意倾听指令的学生明白教师的指令，并且在教师发出指令后开始活动。这么做可以让教师在开始活动前清楚地引导学生按设想开展活动。

在授课期间，教师应确保教室环境内没有其他物体干扰学生的视觉（如阳光，捣乱的学生等）。如本章"器材管理"内容所述，在教师发布指令时，学生应放下手里的所有器材。

教师的指令宜简短，这样学生才可以把更多的注意力集中在少数几个需要注意的概念上。根据潘格拉齐（Pangrazi）和贝格（Beighle）的意见（2013），教师在授课中应避免冗长的技巧描述，最好用不到30秒的时间介绍1~2个教学点，然后让学生根据教学点活动。

正强化和矫正技巧反馈是教师和学生进行沟通时最重要的两种方法。"做得好""就这样做"等类似的评价虽然是常用的表示赞扬的词语，但是它们不够具体，不足以帮助学生提高技能或改善行为。如果教师能提供具体的反馈信息，效果会更好。例如，"做得好！我喜欢你和对手站在一起扔球的方式。"或者"就这样做！你一直在努力完成任务，并且和你的搭档合作得很好！"在活动中这样和学生对话能帮助学生了解自己做得怎么样，并激励他们为了听到更多的积极反馈而努力做得更好，同时能间接帮助其他学生学到正确的技巧。

创建活力课堂的其他活动建议

为了使活力课堂的教学更顺利，下面为教师提供更多的活动建议。

● 为活力课堂设置一个例行程序。除了前面列出的运动器材分发程序和活动开始、停止信号以外，还应该规划好活动开始的地点（始终要确保有一个教学区）、出现受伤情况时的应对方案、出现紧急情况时的预案，并选定活力课堂结束后学生集合的地方。

● 设计的活动时间和实践时间要多于指导时间和管理时间，教师可以使用前面提到过的简短的教学指令以缩短发布指令的时间，同时要提醒学生使用正确的技巧进行活动。按照先前列出的运动器材分发方案分发器材，尽量缩短管理时间。在上课前划分好活动区和游戏区。如果条件不允许，将学生分成小组，将任务进行分工并落实到位。

● 安排一个能让全班学生立即动起来的即时热身活动。热身非常重要，特别是对于一些要求速度、力量和耐力的活动而言。即时活动是可以快速启动的并涉及学生之前练习过的动作，如竞走、跳绳等。即时活动还可以用于练习活动技巧。如投掷、接球、带球、踢球等。一个成功的即时活动的关键在于没有任何的指令传达时间，学生自行阅读黑板上列出的活动后就可以立即开始。

● 准时开始和结束可以有效地利用课堂时间，然而事实上经常会因为排队、移动器材以及活动之间的衔接而浪费很多时间，对此，有一个办法就是将学生分成小组或团队进行活动。这样活动可以进行得更快，学生也能参与更多的活动。教师可以用App展示活动剩余时间，让学生知道活动何时开始、何时结束，也可以先设定一个详细的、有组织的流程，再展开活动。

● 活动课期间，教师应在教室内巡视，及时发现需要帮助的学生并提供帮助。事实上，如果教师在学生活动时来回走动，并且向所有学生提供正向反馈，学生可以更好地完成活动。仔细观察并对学生表现好的地方予以表扬，比抓住并批评开小差的学生更重要。教师的正向反馈是帮助学生改进活动行为和提升技能的重要因素。

不恰当的实践

有一些活动和游戏不适合小学课堂。例如，淘汰性活动就属于不恰当的实践，在淘汰性活动中不断有学生出局，之后他们只能坐着看其他人玩；互相扔东西的活动也是不恰当的实践，在这种活动中学生会互相推挤；让学生互相羞辱或贬低的活动也是不可取的。有些活动中大多数学生需要站着等待，这往往会导致学生出现纪律问题。增加小组数目，减少每个小组内学生的数量，可以缩短学生的等待时间，为学生提供更多的活动参与机会。下述的游戏也都不应在上课时间内进行，如躲避球、儿童足球、抢椅子游戏、接力赛、偷培根、线式足球、雷德洛夫游戏、西蒙说、追人及拔河等（Williams, 1992; 1994）。

威廉斯在1996年还提出了教师的一些不恰当的做法。他提出教师应避免当众批评学生，用绳子、球，或以剥夺机会的形式惩罚学生，或者让组长自己随意挑选小组成员。美国健康与体育教育者学会出版的《适当的教学实践指南，K–12：同步比较》（NASPE, 2009）以K–12网格的形式列出了恰当和不恰当的教学实践案例，教师从中能够一目了然地看到并比较这3个学习阶段（小学、中学、高中）的恰当和不恰当做法。另外，本书针对教师的不恰当行为提出了对应的改进建议，其教学实践案例如表7.2所示。

请阅读实验7.3并填写表7.3。

安全

保障学生的安全是学校的首要任务。要想拥有一个有活力的环境，就要贯彻安全环境指导方针。安全保障措施包括确保活动空间安全无危险、所有的体育活动器材都适合学生使用并且使用状态良好，以及准备急救箱供学生受伤时使用。

为学生提供安全的环境是每个教师的责任。每天使用安全评估表评估活动空间和器材是很重要的，只要评估结果中出现一项的检查结论为"否"，教师就不应该再使用这个空间或器材，并应向学校行政部门提交安全问题报告。评估表可以帮助教师创造一个安全的环境，同时可以帮助教师提供学校财产存在安全隐患、要求管理层必须处理的文书。

参见实验7.4，了解对操场、体育馆和器材的安全评估项目。

表7.2 恰当和不恰当的教学实践案例

类别	恰当的做法	不恰当的做法
1.0 学习环境		
1.1 创建学习环境	1.1.2 这个环境应当适合所有的学生，并能促进他们积极发展。允许学生去尝试、失败和再尝试，而不受教师或其他学生的批评或扰乱的影响	1.1.2 只有运动能力强或身体健康的学生才有可能被视为成功的学习者。那些技能水平不高或身体不健康的学生容易被教师和同龄人忽视
1.2 不将运动作为惩罚手段	1.2.1 教师应提倡锻炼能够促进健康这种理念，鼓励学生出于享受、发展技能和促进健康的目的，参加体育锻炼和户外活动	1.2.1 教师将活动或锻炼（如跑步、俯卧撑）作为对学生的惩罚
2.0 教学策略		
2.5 最大限度地让学生参与进来	2.5.1 教师要教导学生尽最大努力去参与活动，并且保持充沛的体力。教师应提供足够的器材使学生几乎不用等待就可以活动，并至少安排一半的课堂时间进行中等或高等强度的活动	2.5.1 课堂组织很差，所以学生大部分时间都在等待被点名或者器材分发。学生在上课的前几分钟总是坐着，等待被组织起来，或者等待教师发出上课的指令
2.7 教师的热情	2.7.1 教师要表现出对积极、健康的生活方式的热情	2.7.1 教师表现出并不喜欢体育活动（如只坐在椅子上或站在讲台上）
3.0 课程		
3.3 定期参与	3.3.1 教师将活动课上的经验扩展到社区及家庭活动中，并提倡健康、积极的生活方式	3.3.1 没有努力将体育教学与社区活动、娱乐或家庭联系起来
3.6 重视体育活动	3.6.1 教师鼓励学生体验学习和参与体育活动所收获的满足感和快乐	3.6.1 关于体育课的负面经历（如将跑步作为惩罚手段）会导致学生轻视体育活动的重要性并丧失快乐
4.0 评价		
4.4 测试过程	4.4.1 教师尽一切努力创造有隐私的、安全的、有教育意义的、鼓舞人心的测试环境	4.4.1 测试是公开的（如学生们在等待参加测试时，可以观察正在进行测试的学生）

类别	恰当的做法	不恰当的做法
4.0 评价		
4.4 测试过程	4.4.2 教师鼓励学生不和别人比较，不把结果作为个人进步的催化剂	4.4.2 教师忽视学生因考试结果而受到的嘲弄或取笑。基于与基准的比较来解释结果，而不是着眼于考试结果对学生未来的健康的影响
5.0 职业水准		
5.1 专业成长	5.1.1 教师不断地搜寻新的信息并与时俱进（如阅读期刊、参加会议和服务活动）	5.1.1 教师保持现状，不做任何努力
5.3 倡导	5.3.2 教师帮助学校创建体育文化	5.3.2 教师不赞成推广体育课程，导致体育无法成为学校、社区中的重要组成部分

源自：SHAPE America, 2009, *Appropriate instructional practice guidelines, K–12: A side–by–side comparison* (Reston, VA: NASPE).

课堂行为管理

有活力的课堂会出现课堂行为管理问题。在有活力的课堂上，学生会有更多的走动，并且会使用球或球拍等器材。因此，教师需要制定一个行为规范去解决此类问题。

创建课堂规则能让学生知道什么行为是允许的，什么行为是禁止的。这些规则是对学生行为的具体要求，条数要少，并且要用肯定的陈述句书写。规则以及破坏规则的后果由全班协商并制定。另外，规则是要展示给每个学生看并且所有学生都能理解的。

参见实验7.5，完成创建课堂行为管理计划的任务。

在课堂行为管理中，创造一个积极的、相互关心的、团结一致的环境是至关重要的。用表扬和鼓励来奖励好的行为与处理具有破坏性的行为一样重要。创建一个课堂行为管理计划，并始终如一地遵循它，将帮助教师更有效地营造有活力的课堂氛围。

小结

有活力的课堂是由那些关心学生健康的教师们充满热情地创造出来的。教师营造有活力的课堂需要有计划和目的性。从在墙上张贴海报到课间安排活动，再到把运动融入理论课，教师选择的是将运动和活动融合在一起。在有活力的课堂上，教师必须制定各种管理和组织策略，并以此帮助改善教学环境。将课堂死板的学习环境转变得有活力，那么学生的注意力将得到提高，学生的课堂表现将得到改善，学业成绩也将得到提高。

复习题

1. 教师为什么要组织间隔活动？

2. 说出3种进行间隔活动和大脑休息的方式。

3. 描述两个自制运动器材的方法。

4. 举出恰当的教学实践案例表格中对你的课堂非常重要的3个实践。

5. 为什么要借助安全评估表来对你的班级将使用的活动空间进行评估？

6. 课堂行为管理计划为什么重要？

实验7.1：间隔活动头脑风暴法

在课堂的间隔活动时段，可以安排如下4个活动，每个活动持续20分钟。

- **随着音乐跳舞**。打开音乐（如"hokey pokey"）或视频片段（如"Sid shuffle"），让学生随着音乐节拍或模仿视频片段跳舞。

- **拉伸、瑜伽姿势或运动**。教师大声喊出拉伸、瑜伽姿势或运动的口令，学生坐在座位上或站在座位旁做动作。

- **交叉动作**。学生原地踏步，同时用右手手肘碰左腿膝盖，然后用左手手肘碰右腿膝盖。

- **"懒8字"动作**。这个动作可以帮助学生跨越躯体中线，促使左右大脑相互交流，还可以强化神经细胞通路并激活学习活力。学生模仿水平8字摆出相似的姿势，先用单手然后用双手。左右手各重复3次，然后双手重复3次。

教师可以选择与上述头脑风暴法不同的其他活动，也可以以上述活动为灵感创造新的活动。

实验7.2：自制运动器材

制作可用于小学体育课的器材，如纱球、尼龙桨、塑料勺等。网上也有很多非常好的纱线毛毛球制作视频。

实验7.3：评论恰当的实践

再次阅读恰当的教学实践指南和美国《K-12体育教育国家标准》并对其中的小学指南提出评论和意见。选出你认为最重要和恰当的教学实践，并说明你认为小学需要进行这种实践的原因。

表7.3 评论恰当的实践

环节	年级	我认为最重要的实践 （包括编号和实践名称）	为什么小学 需要进行该实践
学习环境	小学		
教学策略	小学		
课程	小学		
评估	小学		
职业水准	小学		

实验7.4：安全评估表的利用

以你所在地区的某所小学为模型，针对这所小学的操场、体育馆和运动器材完成以下评估表。

表7.4 室外操场安全评估表

是	否	不适用的原因	项目	评语
			1. 残疾学生是否可以使用操场的设施	
			2. 操场的设施设计是否符合小学生的体格特征	
			3. 操场的设施是否严重生锈、弯曲、破裂，木制设施是否开始腐烂	
			4. 操场的设施是否有凸起的螺栓头、S形钩状物以及其他可能钩住或缠住衣物和首饰的坚硬凸起	
			5. 操场的设施的零件是否有破损、松动或缺失	
			6. 操场的设施是否确认没有锋利或锯齿状边缘	
			7. 操场设施裂隙带周围1.8米外的地面是否是软质地面（用干净的沙子、木材、秸秆或其他工业制品覆盖）	
			8. 裂隙带材料的深度是否为2.8m~3.7m	
			9. 地面是否干净无积水，是否得到很好的维护（场地如果经常打扫，就没有垃圾、大块石头、树枝、碎玻璃、针、钉子、绊脚的障碍物或积水，安全标识也不会被破坏）	
			10. 室外电气用具（空调、开关盒、变压器）是否安装在学生无法触及的地方	
			11. 教师是否可以很容易地拿到急救箱，学生受伤时是否可以立刻用上急救箱中的救治药品和器材	
			12. 其他（书面描述）	

改编自：Geiger's 2005 Assessment of an Outdoor Elementary Playground.

表7.5　室内体育馆安全评估表

是	否	不适用的原因	项目	评语
			1. 空间是否足够大，是否可以容纳所有学生同时活动	
			2. 活动空间是否洁净，没有垃圾、碎片及从水杯或其他容器中漏出的液体类物质	
			3. 如果活动空间内有一个露天看台，看台的构造是否安全，是否可以避免器材掉入看台下方	
			4. 体育教育课程所用运动器材是否按照最新的运动理念设计，是否得到良好的修理、维护	
			5. 是否为残疾学生准备了特殊运动器材	
			6. 电气用具（空调、电源插座、开关盒、变压器）是否安装在学生无法触及的地方	
			7. 教师是否可以很容易地拿到急救箱，学生受伤时是否可以立刻用上急救箱中的救治药品和器材	
			8. 其他（书面描述）	

表7.6　运动器材安全评估表

是	否	不适用的原因	项目	评语
			1. 是否有残疾学生可以使用的运动器材	
			2. 器材的设计是否符合小学生的体格特征	
			3. 学生是否可以根据自己现在所处的发育阶段的力量水平挑选大小和重量合适的器材	
			4. 是否可以确保器材的使用安全（不存在有安全隐患的可能破裂的部分）	

实验7.5：制定课堂行为管理计划

完成以下小学课堂行为管理计划。

行为管理计划

为了营造安全和充满爱的课堂环境，教师应鼓励学生的积极行为，阻止不当行为。

积极行为

行为表现	提出的具体表扬
专心完成学习任务	
遵守规则	
在体育活动中表现良好	
听从教师的指令	
其他积极行为	

不当行为

行为表现	后果
生气	
欺负其他同学	
经常抱怨	
没有礼貌	
打断教师讲课	
说脏话	
上课迟到	
着装不当	
不参与课堂活动	
开小差	
攻击性过强	
其他不当行为	

第8章

将健康教育融入课堂

目标

- 列出将健康教育融入核心学科的4个步骤。
- 列举将健康教育融入课堂的构想。
- 了解美国《国家健康教育标准》与学业成绩标准之间的联系。
- 开展针对不同年级的跨学科活动。
- 制定活动执行计划。

健康、学习和美德将带给你幸福，赋予你安宁的心灵、个人尊严和公共荣誉。

——托马斯·杰斐逊
（Thomas Jefferson）

美国的小学课堂教师必须学习许多课程，尤其是数学、英语语言艺术、科学和社会学等核心学科。但是，由于缺乏评测手段（如考试），本应在大多数州开设的健康教育课程常被忽视。然而，健康教育课程涵盖的健康知识对于使学生养成健康的生活方式有非常大的作用。教育应该向学生传递健康理念，因此课堂教师应找到一种将这一重要课程融入其课堂的方法。将健康内容标准与核心学业成绩标准融合未尝不是一种有益的尝试。

美国学业成绩的国家标准

课堂教师要教授具体的学习课程，并且有责任确保他们的学生在不同年级时能够达到不同的学业预期。一些州开设了各种学科课程，而掌握这些课程的内容是对各年级学生的最低期望。

美国正在开展一项全国运动，即要求各州采用《共同核心州立标准》（National Governors Association Center for Best Practices & Council of Chief State School Officers, 2010）。这些标准为全国的学生提供一致且明确的学业要求：从幼儿园到12年级的每个学生都应当了解这样一个由48个州的州领导人制定的《共同核心州立标准》，并能用其规范自身行为。这些标准主要是为所有学生胜任初级职业、顺利学习初级大学课程以及接受员工培训打好基础。这些标准并未规定教师应如何授课。在大部分州和当地学区，为满足课堂中学生的个性化需求，教师们有自主设计其课程的权力。

本章将介绍将健康教育和学术课堂教学相结合以丰富课程安排的若干例子。这些例子实现了数学、英语语言艺术等学科和《共同核心州立标准》的巧妙结合。如果学校已采用《共同核心州立标准》，教师们就需要设计课程使学生达到学业预期。如果尚未采用《共同核心州立标准》，则学校应开始采用州立学业标准。

美国健康教育标准

2007年，美国健康教育协会、美国学校健康协会（ASHA）、美国公共卫生协会与美国健康、体育和娱乐州署长协会共同制定了美国《国家健康教育标准》（NHES）。美国《国家健康教育标准》的内容如下。

标准1：学生将了解一些与促进健康及疾病预防相关的概念，从而提高健康水平。

标准2：学生将能够分析家庭、同伴、文化、媒体、技术等因素对健康行为的影响。

标准3：学生将能够展示获得有效信息、产品和服务来改善健康状况的能力。

标准4：学生将能够展示运用人际沟通技巧来改善健康状况、规避或降低健康风险的能力。

标准5：学生将能够展示运用决策技巧来改善健康状况的能力。

标准6：学生将能够展示运用目标设定技巧改善健康状况的能力。

标准7：学生将能够展示积极实行改善健康的行为并规避或降低健康风险的能力。

标准8：学生将能够展示倡导个人、家庭和社区健康行为的能力。

（Joint Committee on National Health Education Standards, 2007）

课堂教师要把美国《国家健康教育标准》同数学、英语语言艺术、科学、社会学这4个核心学科结合起来。本章将就融合方法进行重点探讨。以下各节将概述把健康教育融入学术课程并创建新的课堂活动的4个步骤。这些步骤会从常用的头脑风暴方法到具体的课堂授课方案，一步步教你如何将学术课程的课堂与健康教育融合。

头脑风暴融合思路

该方法的第一步是提出将健康教育融入各学术课程的构想。以数学为例，教师的目标是找到一种利用健康教育来帮助学生获得标准预期的数学能力的方式。这种方式包括健康实践的日志、图表、图片以及健康习惯调查。例如，记录学生在校期间洗手的频率并将其展示在教室的公告栏上；年龄较大的小学生可以用数学图形表示饮料的含糖量，并根据自己绘制的图形确定最健康的饮料。

在小学课堂中将健康教育融入科学学科应该是较为容易的。健康教育涉及身体的各个系统，而体育活动可以非常容易地调动各系统。例如，教师可以发起关于不健康饮食行为与糖尿病之间的关系的课堂讨论。此外，教师还可以组织学生讨论吸烟对呼吸系统的影响，也可分享关于紫外线对皮肤造成的影响的知识以及预估方法。科学是一门能与健康教育轻松融合的课程。例如，我们可以在科学课上讨论污染对环境健康的影响，还可以讲解废物回收对保护环境的重要性。

融合健康教育与社会科学课程需要教师发挥创造力。例如，布置一些与学校物理环境有关的服务项目让学生完成；对学生进行公民教育，重点教育他们要成为社区里的健康倡导者；教授学生用打斗以外的方法解决矛盾冲突的观念，这些都属于富有创造性的融合。

小学的英语语言艺术课程是最容易融合健康教育的几门课程之一。例如，为使健康教育与课堂阅读融合，教师可以在课堂上朗读关于健康话题的图书。此类图书有很多，如梅尔文·伯杰（Melvin Berger）编著的*Germs Make Me Sick!*、鲍勃·巴纳（Bob Baner）编著的*Dem Bones*、洛伊斯·埃勒特（Lois Ehlert）编著的*Eating the Alphabet*和埃里克·卡尔（Eric Carle）编著的*The Very Hungry Caterpillar*。另外，学生们可以关注新闻经常报道的有关健康的话题，也可以阅读关于当前健康话题的期刊文章。教师可以让学生写下自己对欺凌现象的看法或编写关于正确饮食的重要性的报告，这是健康教育和写作的一种融合。至于健康教育和语言听说部分的融合，教师可以让学生做关于牙齿健康和其他卫生话题的口头报告。课堂讨论的主题可以设置为如何用积极的健康行为来鼓励同伴。另外，教师可以制作健康主题的单词墙，将语言技巧与健康教育进行融合。

参见实验8.1，思考将健康教育融入数学、英语语言艺术、科学和社会学课堂的头脑风暴方法。

把健康教育标准与学业标准结合起来

头脑风暴结束后，运用美国《国家健康教育标准》将融合方法付诸实践。同时，要将健康教育标准与要求学生们达到的学业标准联系起来。首先可以思考如何把学术课程与美国《国家健康教育标准》融合起来。例如，针对标准1，教师可以先让学生们在语言文学课上阅读梅尔文·伯杰编著的《细菌使我生病！》并就阅读体会展开讨论。讨论结束后将学生们聚集在教室中间，给每个学生的手上涂抹洗手液后，把亮粉撒在他们手上，然后学生们在教室内四处走动并彼此握手，借此向学生们阐释细菌是多么容易在人与人之间传播。然后，给每位学生一张纸巾让他们试着擦去手上的细菌，当然这么做其实并没有用，擦拭不能彻底去除细菌。最后，告诉学生去除细菌的最好办法是用肥皂洗手。社会学课程中，教师可以让学生按照标准3的要求，调查可以信赖的促进健康的社区服务。表8.1是一些《国家健康教育标准》与4个学术课程融合的例子。

参见实验8.2，思考将《国家健康教育标准》与核心学科（数学、英语语言艺术、科学、社会学）融合的实践。

表8.1 融合学术课程与美国《国家健康教育标准》的构想

美国《国家健康教育标准》	数学	英语语言艺术	科学	社会学
标准1	展示教学日健康卫生实践的班级日志	阅读关于细菌的图书，然后通过亮粉模拟细菌的传播过程并进行演示	看完美国疾病控制与预防中心关于香烟和肺的视频后，画出健康的肺和不健康的肺	讨论环境影响人们健康的方式
标准2	创建一个关于舆论对健康行为的影响的图表	让不同的学生播报新闻，并借此展示媒体对健康的影响	讨论天气影响健康行为的方式	回顾人类在健康意识方面的进步
标准3	了解学生们在教学日获取健康信息的机会	发掘并提供有利于促进健康的信息资源	制作包括保护环境在内的健康产品的小册子	讨论可以信赖并能促进健康的社区服务
标准4	观看一个关于不健康行为和同辈压力的情景剧后，进行班级调查	用表演小品的形式来表现学生容易受到的一些伤害	做出不健康行为对身体所有系统影响的班级KWL*图表	讨论对于冲突的解决方案，并讲解解决冲突的积极方法
标准5	展示并比较各种饮品的含糖量	读完一本关于欺凌的书后，讨论应对欺凌的方式	记录可减少使用、重复使用和回收利用的物品	为课堂设定一个计划并准备一个迷你急救包

续表

美国《国家健康教育标准》	数学	英语语言艺术	科学	社会学
标准6	创建记录学生们达成课堂讨论健康任务情况的图表	制作健康零食清单并实现在学校只吃健康零食的目标	调查学生一周的睡眠时间并讨论睡眠不足是如何影响身体的不同系统的，以及设定一个睡眠目标	浏览美国疾病控制与预防中心的肥胖图表，分析地理因素对肥胖的影响，讨论解决方案
标准7	统计班级中有良好健康行为的学生的百分比	制作个人照片拼贴集来展示积极、健康的行为	辨别具体食物分别在健康和不健康状态下的尺寸、形状、颜色和质地	讨论乱丢垃圾的危害，并完成社区服务中的一个项目以减少垃圾
标准8	将食品分为健康和不健康两类	写一封关于宣传特定健康主题的信	列出健康的家庭晚餐里自己想吃的东西，并讨论如何在家里吃上更健康的晚餐	制作海报以鼓励学生们做出健康的选择

*KWL=已了解、想要了解、最终习得

源自：National Health Education Standards reprinted from Joint Committee on National Health Education Standards (2007).

开展针对不同年级的跨学科活动

有了许多把学业标准与美国《国家健康教育标准》结合起来的构想后，接下来应该考虑的是如何实现美国《国家健康教育标准》对不同年级的预期（参见包括K~2年级和3~5年级全部学业指标的附录A），然后开展针对不同年级的跨学科活动。在构思跨学科活动时，教师应特别重视活动的细节，要使所有阅读了活动说明的学生都可以明确地领会美国《国家健康教育标准》和学业标准的融合。换句话说，活动应详细说明学生做到什么才能达到标准。

这里有一个把一项2年级数学成绩标准与一则特定的美国《国家健康教育标准》融合的跨学科活动的例子：按照学业成绩标准，2年级学生应该能够清楚表示并解释数据。按照美国《国家健康教育标准》，2年级学生应能确定个人短期健康目标并采取行动实现该目标。那么教师可以开展哪些类型的跨学科活动帮助学生同时达到这两个标准呢？教师可以让学生连续记录3天的用水量，以此确定接下来3天的用水量。另外教师还可以绘制一周内的糖摄入量图表，让学生设定下周糖摄入量的目标，并向教师汇报结果。

表8.2中展示了跨学科活动融合健康教育与各科目、各年级学业成绩标准的方法。参考表8.2开展不同年级的跨学科活动。

表8.2 跨学科活动

美国《国家健康教育标准》	学业指标	不同年级的跨学科活动	州特定的学业标准
亚拉巴马州的1年级科学			
标准7	7.2.2 展示规避或降低健康风险的行为	将学生们分成若干个小组，每组分配一个盛有不同食品的袋子，要求学生们确定各种食品的基本特性（如尺寸、形状、颜色、质地），小组讨论各种食品是否具有健康食物或不健康食物的特性	亚拉巴马州科学标准要求学生可以描述物体的基本特性，如尺寸、形状、颜色、质地
俄克拉荷马州的3年级社会科学（历史）			
标准2	2.2.3 描述媒体是如何影响健康行为的	讨论香烟广告的历史，班级将创建一个香烟广告历史时间表以展示媒体对吸烟的影响	俄克拉荷马州社会科学标准要求学生能通过建立基本时间轴描述并理解历史事件与年代之间的关系
《共同核心州立标准》指导下的5年级英语语言艺术			
标准4	4.5.1 展示使用有效的语言和非语言沟通技巧来改善健康状况的能力	用有说服力的语言和有关健康主题的图像制作海报和传单在学校里展示、分发，以倡导健康的饮食习惯，设定对欺凌现象零容忍的目标，推进积极的生活，回收利用物品	英语语言艺术的《共同核心州立标准》

制定融合活动计划

融合的最后一步是从活动构想到活动内容传达的落实。选择一个图表中列出的活动，并计划好如何在课堂上实施该活动。表8.3列出了3~5年级的活动建议。

教师可以根据融合课程活动表安排活动。活动表格与教案类似，但活动表格只涉及教师可用来巩固课堂教学效果的融合活动，因此比教案略短一些。

教师们要为活动起一个名字，并列出活动的目的和标准。以5年级为例，美国

《国家健康教育标准》要求5年级的学生能够表达自己的观点并准确描述健康问题。数学学业成绩标准要求5年级学生可以在特定的测量体系中转换测量单位。具体课程学习目标为学生可以利用食品标签提供的准确信息判断该食品是否为健康食品；5年级学生可以通过加法和乘法计算食物的总热量、脂肪热量、碳水化合物热量和蛋白质热量，然后将食品按健康程度从高到低排列。活动的名称可以是"标签告诉我们应该知道的一切"。教师需要准备6套讲义和10个不同零食的食品标签，并且应保

证该活动没有明显的安全隐患。之后，教师需要计划如何解释活动并组织学生参与活动。

表8.3所示的示范性活动为教师制定15分钟的课程活动计划提供了建议。

表8.3　3~5年级活动建议

美国《国家健康教育标准》	3~5年级的学业指标	特定年级的跨学科活动	州特定的学业标准
标准8	8.5.1 表达观点并准确描述健康问题	根据食品标签确定零食的脂肪热量、碳水化合物热量和蛋白质热量以及总热量，然后将零食按照健康程度从高到低排列	在特定测量体系中转换单位

标签告诉我们应该知道的一切

年级

5

目标任务

学生可利用食品标签提供的准确信息判断该食品是否为健康食品。5年级学生可以通过加法和乘法计算食物的总热量、脂肪热量、碳水化合物热量和蛋白质热量，然后将食品按健康程度从高到低排列。

采用的标准

美国《国家健康教育标准》	3~5年级的学业指标	州特定的学业标准
标准8	8.5.1 表达观点并准确描述健康问题	在特定测量体系中转换单位

所需材料

6套讲义和10个不同零食的食品标签

活动解释	活动组织
为了让学生执行活动，教师需要告诉学生什么	一组有多少个学生以及学生去哪里执行活动
活动介绍 2分钟：复习阅读食品标签的方法 1分钟：复习用脂肪、碳水化合物和蛋白质量计算热量的方法	学生在座位上听教师的指令
活动参与 1分钟：教师将学生们按每组5人进行分组 1分钟：教师给每组分发10个标签使每个学生有2个用于计算的标签 4分钟：学生们按指令计算总热量、脂肪热量、碳水化合物热量和蛋白质热量 1分钟：小组将食品按照健康程度从高到低排列	学生找到其组员，按组就座并执行活动
结束 5分钟：教师请各组用投影仪展示其工作表及结论，所有组展示完毕后，教师将征求学生对健康零食的个人意见	学生们旋转椅子面对屏幕

参见实验8.4，开展融合课程活动。

小结

人们希望课堂教师给学生授课，让不同年级的学生达到标准的预期水平。美国国家标准中一般会规定各年级学业成绩的最低预期。本章涉及的标准包括美国《国家健康教育标准》《共同核心州立标准》和各州特定学业标准。有志于满足学生健康需求的教师可将《国家健康教育标准》《共同核心州立标准》和各州特定学业标准加以融合。

教师可采用本章介绍的4步法将这些标准进行融合。将健康教育融入教学科目的4个步骤是：头脑风暴融合思路；把《国家健康教育标准》与学业标准结合起来；开展针对不同年级的跨学科活动；制定融合活动计划。此过程对于帮助课堂教师创建集健康素养与学业标准于一体的课堂有重要作用，教师们可借此实现从简单构想到用构想指导符合一个及一个以上预期标准的课程活动的转变。

复习题

1. 列出将健康教育融入核心学科的4个步骤。

2. 列举3种将健康教育融入课堂的方法。

3. 讨论美国《国家健康教育标准》与学业标准之间的联系。

4. 讨论如何开展一个特定年级的跨学科活动。

5. 讨论制定跨学科活动执行计划的方法。

实验 8.1: 头脑风暴融合思路

思考将健康教育融入数学、英语语言艺术、科学和社会学课堂的方法。

	数学	英语语言艺术	科学	社会学
将健康教育融入各学术课程的构思				

实验8.2：将美国《国家健康教育标准》与核心学科融合

思考将美国《国家健康教育标准》与4个核心学科融合的方法后，为这些原始构想填充其他设想并与美国《国家健康教育标准》中的8项标准融合，填写到下方的表格中。该实验不限年级，但通常认为适用于K~5年级。

美国《国家健康教育标准》	数学	英语语言艺术	科学	社会学
标准1				
标准2				
标准3				
标准4				
标准5				
标准6				
标准7				
标准8				

源自：National Health Education Standards from Joint Committee on National Health Education Standards (2007).

实验8.3：开展针对不同年级的跨学科活动

这个实验展示了适合于K~5年级的各项美国《国家健康教育标准》。教师可以运用附录中的所有标准和学业指标，选择一个图表列出的指标并用其创建一个适合该年级的活动，再融合各年级健康教育的跨学科活动，完成下列表格。不要和前面示范的例子重复。

K~2年级健康教育课程

标准1：学生将了解一些与促进健康及疾病预防相关的概念，从而提高健康水平。

美国《国家健康教育标准》	K~2年级的学业指标	不同年级的跨学科活动	州特定的学业标准
K~2年级：1	1.2.1 认识到健康的行为可以影响个人健康 1.2.2 认识到健康是多维度的 1.2.3 描述预防传染病的方法 1.2.4 列举预防常见的儿童伤害的方法 1.2.5 描述为何注重医疗保健非常重要	幼儿园	
		1年级	
		2年级	

源自：Joint Committee on National Health Education Standards (2007).

3~5年级健康教育课程

标准1：学生将了解一些与促进健康及疾病预防相关的概念，从而提高健康水平。

美国《国家 健康教育标准》	3~5年级的学业指标	不同年级的 跨学科活动	州特定的学业标准
3~5年级：1	1.5.1 描述健康行为和个人健康之间的关系 1.5.2 列举情感、智力、身体和社会健康的例子 1.5.3 描述通过安全、健康的学校和社区环境促进个人健康的方法 1.5.4 描述预防常见的儿童伤害和健康问题的方法 1.5.5 描述应如何注重医疗保健	3年级	
		4年级	
		5年级	

K~2年级健康教育课程

标准2：学生将能够分析家庭、同伴、文化、媒体、技术等因素对健康行为的影响。

美国《国家健康教育标准》	K~2年级的学业指标	不同年级的跨学科活动	州特定的学业标准
K~2年级：2	2.2.1 了解家庭如何影响个人的健康行为和习惯 2.2.2 了解学校应该怎样支持个人的健康行为和习惯 2.2.3 描述媒体是如何影响健康行为的	幼儿园	
		1年级	
		2年级	

3~5年级健康教育课程

标准2：学生将能够分析家庭、同伴、文化、媒体、技术等因素对健康行为的影响。

美国《国家健康教育标准》	3~5年级的学业指标	不同年级的跨学科活动	州特定的学业标准
3~5年级：2	2.5.1 描述家庭如何影响个人的健康行为和习惯 2.5.2 了解文化对健康行为和习惯的影响 2.5.3 了解同伴如何影响个人的健康和不健康的行为 2.5.4 描述学校和社区如何支持个人的健康行为和习惯 2.5.5 了解媒体如何影响个人的思想、情感和健康行为 2.5.6 描述科技影响个人健康的方式	3年级	
		4年级	
		5年级	

K~2年级健康教育课程

标准3：学生将能够展示获得有效信息、产品和服务来改善健康状况的能力。

美国《国家 健康教育标准》	K~2年级的学业指标	不同年级的 跨学科活动	州特定的学业标准
K~2年级：3	3.2.1 识别并找出有助于促进健 康的专业人士 3.2.2 识别并找出学校和社区中 的帮手	幼儿园	
		1年级	
		2年级	

3~5年级健康教育课程

标准3：学生将能够展示获得有效信息、产品和服务来改善健康状况的能力。

美国《国家健康教育标准》	3~5年级的学业指标	不同年级的跨学科活动	州特定的学业标准
3~5年级：3	3.5.1 了解有效的健康信息、产品和服务的特点 3.5.2 确定家庭、学校和社区中可以提供有效健康信息的资源	3年级	
		4年级	
		5年级	

K~2年级健康教育课程

标准4：学生将能够展示运用人际沟通技巧来改善健康状况、规避或降低健康风险的能力。

美国《国家健康教育标准》	K~2年级的学业指标	不同年级的跨学科活动	州特定的学业标准
K~2年级：4	4.2.1 展示表达需求、欲望和情绪的正确方法 4.2.2 展示可以改善健康状况的聆听技巧 4.2.3 展示在不被欢迎、遭遇恐吓或危险的环境中应如何反应 4.2.4 展示在受到威胁或伤害的情况下应如何告诉可信赖的成年人	幼儿园	
		1年级	
		2年级	

3~5年级健康教育课程

标准4：学生将能够展示运用人际沟通技巧来改善健康状况、规避或降低健康风险的能力。

美国《国家 健康教育标准》	3~5年级的学业指标	不同年级的 跨学科活动	州特定的学业标准
3~5年级：4	4.5.1 展示使用有效的语言和非语言沟通技巧来改善健康状况的能力 4.5.2 展示可以规避或降低健康风险的能力 4.5.3 展示用来管理或解决冲突的非暴力策略 4.5.4 展示如何寻求帮助来改善个人健康状况	3年级	
		4年级	
		5年级	

K~2年级健康教育课程

标准5：学生将能够展示使用决策技巧来改善健康状况的能力。

美国《国家 健康教育标准》	K~2年级的学业指标	不同年级的 跨学科活动	州特定的学业标准
K~2年级：5	5.2.1 了解需要制定与健康相关的 决策时的情形 5.2.2 区分在不同的情形中制定的 健康决策何时可以独立实施， 何时需要帮助	幼儿园	
		1年级	
		2年级	

3~5年级健康教育课程

标准5：学生将能够展示使用决策技巧来改善健康状况的能力。

美国《国家 健康教育标准》	3~5年级的学业指标	不同年级的 跨学科活动	州特定的学业标准
3~5年级：5	5.5.1 了解可能需要经过深思熟虑后才能做出的与健康相关的决策 5.5.2 分析在制定健康决策时何时需要帮助 5.5.3 列出决策中可能要做的健康选择 5.5.4 在制定某个健康决策时，预测每个选择可能带来的结果 5.5.5 在制定决策时，做出一个健康的选择 5.5.6 描述一个健康决策可能带来的结果	3年级	
		4年级	
		5年级	

K~2年级健康教育课程

标准6：学生将能够展示使用目标设定技巧来改善健康状况的能力。

美国《国家健康教育标准》	K~2年级的学业指标	不同年级的跨学科活动	州特定的学业标准
K~2年级：6	6.2.1 确定一个短期的个人健康目标，并采取相应行动来实现此目标 6.2.2 确定在实现个人健康目标的过程中需要帮助时谁可以提供帮助	幼儿园	
		1年级	
		2年级	

3~5年级健康教育课程

标准6：学生将能够展示使用目标设定技巧来改善健康状况的能力。

美国《国家 健康教育标准》	3~5年级的学业指标	不同年级的 跨学科活动	州特定的学业标准
3~5年级：6	6.5.1 设定一个个人的健康目标并 跟踪进度，直至实现目标 6.5.2 寻找资源来帮助实现个人健 康目标	3年级	
		4年级	
		5年级	

K~2年级健康教育课程

标准7：学生将能够展示积极实行改善健康的行为并规避或降低健康风险的能力。

美国《国家 健康教育标准》	K~2年级的学业指标	不同年级的 跨学科活动	州特定的学业标准
K~2年级：7	7.2.1 展示可以促进和保持个人健 康的行为 7.2.2 展示规避或降低健康风险的 行为	幼儿园	
		1年级	
		2年级	

3~5年级健康教育课程

标准7：学生将能够展示积极实行改善健康的行为并规避或降低健康风险的能力。

美国《国家健康教育标准》	3~5年级的学业指标	不同年级的跨学科活动	州特定的学业标准
3~5年级：7	7.5.1 了解有责任感的个人健康行为 7.5.2 展示保持或改善个人健康状况的各种行为 7.5.3 展示规避或降低健康风险的各种行为	3年级	
		4年级	
		5年级	

K~2年级健康教育课程

标准8：学生将能够展示倡导个人、家庭和社区健康行为的能力。

美国《国家健康教育标准》	K~2年级的学业指标	不同年级的跨学科活动	州特定的学业标准
K~2年级：8	8.2.1 提出促进个人健康的要求 8.2.2 鼓励同伴做出积极的健康选择	幼儿园	
		1年级	
		2年级	

3~5年级健康教育课程

标准8：学生将能够展示倡导个人、家庭和社区健康行为的能力。

美国《国家 健康教育标准》	3~5年级的学业指标	不同年级的 跨学科活动	州特定的学业标准
3~5年级：8	8.5.1 表达观点并准确描述健康 问题 8.5.2 鼓励他人做出积极的健康 选择	3年级	
		4年级	
		5年级	

实验8.4：制定一个融合的活动计划

此融合的最后一步是把活动构想落实到课程活动中。从表8.2列出的活动中选择一个，做好具体的活动计划。开展活动前首先确定活动名称、年级和目标任务，然后列出要融合的标准（美国《国家健康教育标准》、K~2年级或3~5年级的学业指标和州特定的学业标准）。列出在课堂上组织活动所需的所有材料和各州对该活动规定的安全注意事项。各活动课程应包括活动介绍、活动参与和结束部分，写出完成各部分的预期时间。在活动解释栏里列出具体指导，让看到该表格的教师都能组织该活动。填写活动组织栏，写出开展活动所需的学生数（组或队列的数量和各组或各队列的学生数）以及学生向其他路线移动的具体情况。示例活动"标签告诉我们应该知道的一切"部分有完整的案例表格。

健康教育融合活动

活动名称：

年级：

目标任务：

采用的标准：

美国《国家健康教育标准》	K~2年级或3~5年级的学业指标	州特定的学业标准

所需材料:

安全注意事项:

活动解释	活动组织
为了让学生执行活动，教师需要告诉学生什么	每组或每队列有多少个学生以及这些学生去哪里执行活动
活动介绍	
活动参与	
结束	

第9章

将体育教育融入课堂

目标

- 列举将体育教育融入核心学科的4个步骤。
- 列举将体育教育融入课堂的理念。
- 确定美国中小学（K-12）体育教育国家标准与学业成绩标准之间的联系。
- 开展针对不同年级的跨学科活动。
- 制定实施活动的计划。

只有在身体健康强壮时，人的智能和技能才能达到顶峰。

——约翰·F. 肯尼迪
（John F. Kennedy）

在美国的很多州，课堂教师被指定为该班的体育教师。因此，培养这些教师的大学必须为这些教师提供与体育教育教学相关的基础知识。你如果属于这种情况，在对学生进行体育教学时，要注意将体育教育融入课堂预期标准。

美国学业成绩的国家标准

课堂教师应在讲授特定学术科目的同时，负责确保学生达到每个年级的学术要求。一些州在每个学术领域都有一套学习课程标准，这是对每个年级学生的最低学习要求。

各州正在响应国家倡议，采用《共同核心州立标准》。这些标准为美国所有学生提供了一致和明确的学术要求。《共同核心州立标准》是由48个州的州长制定的，旨在为每个学生从幼儿园至12年级应该知道和能够做的事情建立指导方针。该标准的主要目的是确保所有学生都能成功进入初级职业生涯、大学1年级的课程和员工培训计划并做好准备。但这些标准并没有说明教师应该教什么，在大多数州和地方学校所在的地区，教师可自主设计自己的课程，以满足学生在课堂上的个性化需求。

本章包含几个示例，这些示例演示了如何通过将体育教育纳入教学课堂来增强课程效果。这几个示例涵盖了数学和英语的《共同核心州立标准》，以及科学和社会研究的州标准。如果学校采用的是《共同核心州立标准》，那么教师应该设计相应课程来满足学生所要达到的要求。你可以在相关网站找到共同核心标准。如果某些州尚未采用《共同核心州立标准》，则应当采用州级学术标准。

美国中小学（K-12）体育教育国家标准

2013年，美国健康、体育、休闲、舞蹈协会（现已命名为美国健康与体育教育者学会，SHAPE America）修订了美国中小学体育教育的国家标准。现在，这些标准通过在每条标准的开始部分增加了"接受过身体素质教育的个人……"，解决了全国对身体素质的关注问题。美国中小学《K-12体育教育国家标准》如下。

标准1：接受过身体素质教育的个人能够展示出熟练运用各种运动技能和运动模式的能力。

标准2：接受过身体素质教育的个人能够运用与运动和表现相关的概念、知识、原则和策略。

标准3：接受过身体素质教育的个人能够展示出实现和保持体育活动的知识和技能。

标准4：接受过身体素质教育的个人能够展示出尊重自我和他人的负责任的个人和社会行为。

标准5：接受过身体素质教育的个人能够认识到体育活动对于健康、愉悦程度、挑战、自我表现和社交互动的价值。

源自：SHAPE America, 2014, *National standards & grade-level outcomes for K-12 physical education* (Champaign, IL: Human Kinetics), 12.

美国国家标准是宽泛的，适用于整个中小学教育。为了理解各年级的要求，教师应该使用美国《国家K-12体育标准和年级—水平指标》（SHAPE America, 2014），其中记录了各个年级的成绩评定，可帮助教师安排每个年级学生的课程顺序并掌握具体的要求和目标。

美国《国家K-12体育标准和年级—水平指标》概述了接受过身体素质教育的个人在中小学阶段结束时必须达到的要求。例如，到5年级结束时，学生将表现出掌握基础运动技能和精选技能组合的能力；能够在舞蹈、体操和小型练习任务中使用基本的运动概念；能够识别基本的健康体适能概念；能够在体育活动中表现出对自我和他人的接受能力；能够认识到体育活动在日常生活中的重要性（SHAPE America, 2014）。关于5年级成绩评定的所有信息，参见附录B。

将体育教育纳入学术课程的概念对于课堂教师来说看起来是一项艰巨的任务，但是在许多学生是动觉型学习者的情况下，这项任务显得尤为重要（Hannaford, 1995）。本章将概述将体育教学活动纳入学术课程的4个步骤：头脑风暴融合思路；把体育教育标准与学业标准结合起来；开展针对不同年级的跨学科活动；制定融合活动计划。这些步骤将有助于教师从方法思考转向制定课堂教学活动计划。

头脑风暴融合思路

这是一种在大脑中产生想法，思考如何将体育教育融入学术学科的方法。现以数学为例，你的目标是找到体育活动的方法，使其能够支持你的学生获得标准中相应的数学技能。这可能包括用绳索勾勒出形状，抛掷特定几何形状的球或让沙包沿特定路径中前进。小学生需要能够按顺序数数或跳着数数并进行加、减、乘、除运算。教师可以在数学课中通过开展多种体育活动来帮助学生掌握这些技能。例如，学生可以数拍手或敲击次数，数出命中目标的次数，以及用动作来解答数学题卡。高年级的小学生可以测算完成特定活动或任务花费的时间，创建展示活动期间心率变化的图表，以及使用计步器数据显示不同活动的运动步数，并将这些活动作为学生获取测量、绘图等方面能力的途径。

在小学课堂中融合科学和体育教育并不是什么难事。体育活动涉及人体的各种系统，教师可以通过介绍活动时使用的肌肉和骨骼系统，让学生轻松认识人体肌肉和骨骼系统。认识相关的其他系统可能需要更多的课前准备工作。例如，教师可以设计一堂极具创意的课程并使用体育教学器材来实际演示心血管系统，学生们扮演一滴血穿过心脏和肺流入全身，然后返回心脏，就那样体验整节课。另一个想法学生用身体活动演示行星围绕太阳旋转的运动说明太阳系的运行方式。教师也可以将那些定律从书本中剥离出来，将它们带入现实生活并

整合体育教学方法

PE Central有一部分内容专门用于课堂教师教学和整合课程，里面有超过250种教学方法，是课堂教师寻找整合现有课程的方法的好地方。

用体育活动来演示这些定律。

融合体育教育与社会学需要具有较多的创造力。例如表演以前的舞蹈或重演历史事件。在游戏环节中，学生记忆地名可能会更容易（例如，在跳绳的同时，以字母顺序说出地名）。

小学英语语言艺术课程有许多方面可与体育教育相融合。阅读方面的思路包括执行站点卡片上的任务，阅读著名运动员的传记或喜爱的运动的内容，使用提示词清单来阅读和评估合作伙伴以提高技能，以及在阅读一本书的同时把内容表演出来。写作方面，可以书写有关体育活动的经验或日志等。此外，学生可以撰写关于如何在营养和体育活动方面做出健康选择的报告。对于课程的听说部分，学生可以针对各种与体育有关的主题做口头报告。课堂讨论可以以学生面向其他小组成员或全班分享经验的形式进行。教师可以通过在活动中拼写单词、在运球时发出音节和做出动词的相应动作的方式，将语言技能教学融入体育教育中。

参见实验9.1，讨论如何将体育教育融入数学、英语语言艺术、科学和社会学课程中。

把体育教育标准与学业标准结合起来

讨论完成后，教师将使用美国《国家K-12体育标准和年级—水平指标》进行更具体的整合。一种方法是进行头脑风暴，探讨学科如何与国家标准相结合。例如，标准1规定，接受过身体素质教育的个人能够展示出熟练运用在各种运动技能和运动模式的能力，那么教师可以在语言艺术课上让学生用大幅度的手臂动作来拼写单词。按照标准3，学生可以在社会学的学习中讨论在部队服役的男子和女子的健康水平的历史情况和了解该情况的重要性，并显示出进行体育活动和保持身体健康水平所需的知识和技能。表9.1提供了《K-12体育教育国家标准》与4个学科融合的范例。

参见实验9.2，将美国《K-12体育教育国家标准》与核心学科（数学、英语语言艺术、科学和社会研究）融合。

开展针对不同年级的跨学科活动

有了很多关于结合学业标准与《K-12体育教育国家标准》的思路，现在是通过开展针对不同年级的跨学科活动来达到年级—水平指标的时候了。在开展跨学科活动时，教师应该将每个活动设计得足够细致，好让任何阅读活动说明的人都可以应该清楚地认识到体育标准和学业标准的融合。换句话说，活动应该详细地说明了为了达到某一水平指标学生应该做的事情。

这里有一个关于如何开展跨学科活动将幼儿园的数学学业标准与某一体育教育年级—水平指标相融合的范例。根据《共同核心州立标准》对该年级的数学学业要求，幼儿园的学生需知道数字名称并能按顺序数数，以及能够在单脚跳、奔跑、跑动、滑行或交换跳时保持平衡，以达到运动技能方面的标准。教师开展什么样的跨学科活动可以帮助幼儿园学生同时实现这两个预期目标呢？一种方法是让学生数出从一个地点跳到另一个地点需要的跳跃次数。另一种方法是在地板上画出1~10的 时说出数字是几。
数字，并让学生在跳到这些数字位置的同

表9.1 将核心学科与美国《K-12体育教育国家标准》相融合的构想

美国《K-12体育教育国家标准》	数学	英语语言艺术	科学	社会学
标准1	在进行数数、乘法或除法运算时使用运动技能	以做动作的形式来拼写单词	演示动物的各种运动形式	采用丰富的动作重演历史事件
标准2	绘制一个成功得分策略图表（如一张射门得分图），并讨论百分比的优缺点	表演一部文学作品中的某个场景	将完成高难度动作（如杂技）所需的策略与相关物理法则相联系	表演过去的具有多元文化的舞蹈
标准3	分别绘制进行不同类型的体育活动时的心率强度的图表	阅读关于营养摄入的周刊，并反映在对健康食物的选择上	通过讨论消化最喜爱的食品所需的活动量来了解消耗热量的相关知识	讨论在军队中服役的男子和女子体能水平的历史以及重要性
标准4	为学生在学校表现出的友善行为绘制一个图表并在学校进行展示，记录学生跑步时的各项数据	编写班规并说明什么是良好的运动行为	讨论欺凌对情绪的影响，以及如何在班级活动中消除欺凌行为	在小型接力游戏中，小组成员一起合作回答历史问题
标准5	记录一周内学生们自己选择的课外活动中的计步器数据	记录自己单独参与以及与他人一起参与的特定体育活动和游戏	分享从体育活动中获得的健康益处	研究自1972年以来的女性运动史，认识女性现在拥有享受体育活动机会的意义

源自：National Standards for K–12 Physical Education reprinted from SHAPE America (2014).

表9.2展示了如何在各学科和各年级之间开展跨学科活动来融合体育教育与学业标准。

参见实验9.3，开展各个年级的跨学科活动。

表9.2 跨学科活动

美国特定区域的《K-12体育教育国家标准》（S#）和小学（E）学业指标	年级的学业指标	不同年级的跨学科活动	州特定的学业标准
亚拉巴马州的1年级科学			
S3.E3 体能知识	认识到心脏是一种肌肉，当你锻炼身体、玩耍和参加体育运动时，它会变得更强壮（S3.E3.1）	学生们将探讨身体的哪些部分参与了健康体育活动，并学会说出这些参与活动的骨骼和肌肉的名称	亚拉巴马州的科学标准要求学生会识别人体各部分，包括头、颈、肩、手臂、脊柱和腿，讨论肌肉骨骼与运动的关系
俄勒冈州的2年级社会科学（历史）			
S4.E4 与他人合作	在协作环境中能独立于其他人完成活动（S4.E4.2）	学生们将参加定向越野活动，在该活动中使用GPS应用程序和学校、社区的地图来完成寻宝活动	俄勒冈州社会科学标准要求学生会使用地图和其他地理工具的基本信息来查找和定位社区的物体和人
5年级英语语言艺术			
S5.E3 自我表达/幸福感	分析不同体育活动带来的愉悦程度和挑战，认识到产生积极或消极反应的原因（S5.E3.5）	学生们将列出令他们感到最愉快和最不愉快的体育活动。他们将与同学一起讨论这些活动，并分享选择它们的原因。然后，教师让学生进行课堂讨论，划分这些愉悦程度的等级并探讨产生等级的原因	按照英语语言艺术的《共同核心州立标准》积极参与各种关于5年级主题和课文的一系列的合作讨论（如一对一、小组讨论、教师主导），在他人思想的基础上建立自己的观点并明确表达
S1.E1 运动	在保持平衡的同时表现各种运动技能（单脚跳、快跑、慢跑、滑动、交换跳、跨步跳）（S1.E1.K）	学生可以在按顺序进行数数的同时练习运动技能。同时，学生可以通过画在地板上的数字名称的字母来练习运动技能	通过计数和基数了解数字的名称和计数顺序

制定融合活动计划

融合过程是指将活动理念融入课程活动中。选择图表中列出的一项活动，并计划在课程中使用该活动。例如，对幼儿园的活动建议如下。

融合课程活动表可用于规划活动。活动表类似于课程计划，但因为它只是一次融合活动，所以持续时间较短。课堂教师可通过该活动来加强学术课程计划，也可以在该计划中设置一些间隔活动和大脑休息来改善学生的课堂表现。这个课程活动可以在课堂上进行，也可以由教师将学生带到教室以外的一个开放区域进行。

教师们需要为活动创建一个名称，然后列出一些在活动中现实可行的具体事项和标准。体育教育各年级—水平指标与运动技能有关，以幼儿园为例，数学学业标准是了解计数和基数。具体的课程目标是在练习运动技能的同时按顺序计数，并通过画在地板上的数字名称的字母来练习运动技能。活动的名称可以是运动编号。教师可以使用粉笔或胶带来绘制数字，每个学生都需要注意自己与他人之间的距离，移动时注意安全，不要相互碰撞。最后，教师要向学生解释活动，并组织学生和活动。

以下活动范例"运动的数字"为开展15分钟课程的活动计划提供了参考。

运动的数字

年级

幼儿园

目标任务

学生可以在按顺序计数的同时练习运动技能。同时，学生可以通过画在地板上的数字名称的字母来练习运动技能。

采用的标准

美国《K-12体育教育国家标准》	年级的学业指标	州特定的学业标准
标准1	S1.E1：运动 在保持平衡的同时表现各种运动技能（单脚跳、快跑、慢跑、滑动、跳跃） （S1.E1.K）	通过计数和基数了解数字的名称和计数顺序

所需材料

绘制数字的粉笔或胶带。

安全注意事项

保证有足够的个人空间，保证学生之间不会发生相互碰撞。

活动解释	活动组织
为了让学生执行活动，教师需要告诉学生什么	每组或每队列有多少学生以及这些学生去哪里执行活动
活动介绍 2分钟：与学生们一起回顾以下运动技能，单脚跳、快跑、慢跑、滑动和跳跃，提醒学生们正确运用运动技能的重要性 1分钟：与学生们一起复习按顺序计数	学生们并肩站立，面对教师，在教师的指挥下，按照指令和规定的方向练习运动技能
活动参与 2分钟：教师将按顺序计数和一项运动技能结合起来，并让全班学生齐声计数并完成这项技能 2分钟：教师将一个按顺序计数和一项运动技能结合起来。学生通过独立计数来掌握这项技能，同时，教师在全班走动，帮助学生们掌握计数和运动技能 5分钟：在完成前面的两组准备工作之后，教师让每个学生移动到地板上写着数字的区域，学生们通过写在地板上的一行单词来选择一个要完成的运动技能，在该活动中，学生们大声说出他们看到的字母，看完这个单词后，学生们喊出这个单词（这是一个数字的名字），在离开这个单词所在区域之前，每个学生都会练习一个与单词所代表的数字相匹配的运动技能，学生们在教师的指令下转向下一个新单词	学生们在自己的空间里完成活动，同时要尊重其他人的个人空间 学生们在教师的指令下转向下一个新单词
活动结束 3分钟：教师带着学生一起复习这项活动中运用到的所有运动技能和表示数字的英语单词	学生们围成一个半圆坐在教师的前面

参见实验9.4，进行综合性的课堂活动。

小结

课堂教师希望通过将体育教育融入课堂的方式让学生们达到每个年级—水平的最低期望标准。最低的期望标准往往是通过美国国家标准来驱动的。本章涉及的标准包括美国《K–12体育教育国家标准》、美国《共同核心州立标准》和各州特定的学业标准。有志于满足学生健康需求的教师可对上述标准加以融合。

教师可采用本章介绍的4步法融合这些标准。将体育教育融入学术课程的4个步骤分别是：头脑风暴融合思路；把《K–12体育教育国家标准》与学业标准融合；开展针对不同年级的跨学科活动；制定融合活动计划。按照这4个步骤很容易将体育教育和学生课程融于一体，从而帮助课堂教师创建一个有趣的、充满活力的课堂，实现从简单构想到用构想建立起符合一个以上预期标准的课程活动的思维的扩展。这样就可以在满足美国国家标准的同时使学生们处在一个积极的课堂环境中，从而使他们更加乐于接受指导。

复习题

1. 列出将体育教育融入核心学科的4个步骤。

2. 列出3个将体育教育融入课堂的方法。

3. 讨论美国《K-12体育教育国家标准》和学业标准之间的联系。

4. 确定一个针对不同年级的跨学科活动。

5. 讨论制定跨学科活动执行计划的方法。

实验9.1：头脑风暴融合思路

通过头脑风暴的方法思考如何将体育教育融入核心学科。

	数学	英语语言艺术	科学	社会学
将体育教育融入各学术课程的构思				

实验9.2：将美国《K–12体育教育国家标准》 与核心学科加以融合

确定将美国国家体育教育标准与4个核心学科融合的方法后，为这些原始构想填充其他设想并与5个《K–12体育教育国家标准》相融合，填写下方表格。该实验不限年级。

美国《K–12 体育教育国家标准》	数学	英语语言艺术	科学	社会学
标准1：接受过身体素质教育的个人能够展示出熟练运用各种运动技能和运动模式的能力				
标准2：接受过身体素质教育的个人能够运用与运动和运动表现相关的概念、知识、原则和策略				
标准3：接受过身体素质教育的个人能够展示出实现和保持体育活动的知识和技能				
标准4：接受过身体素质教育的个人能够展示出尊重自我和他人的负责任的个人和社会行为				
标准5：接受过身体素质教育的个人表现出认识到体育活动对于健康、愉悦程度、挑战、自我表现和社交互动的价值				

源自：National Standards for K–12 Physical Education reprinted from SHAPE America (2014).

实验9.3：开展针对不同年级的跨学科活动

这个实验展示了适合于K~5年级的各项美国《国家健康教育标准》。通过开展跨学科的活动，将各年级的体育教育结合起来。填写表格时不要与前面示范的例子重复。美国国家体育教育标准和学业指标源自：SHAPE America（2014）。

K~5年级健康教育课程

标准1：接受过身体素质教育的个人能够展示出熟练运用各种运动技能和运动模式的能力。

美国特定区域的《K-12体育教育国家标准》（S#）和小学（E）学业指标	年级的学业指标	不同年级的跨学科活动	州特定的学业标准
S1.E1 运动	幼儿园：在保持平衡的同时表现各种运动技能（单脚跳、快跑、慢跑、滑动、交换跳、跨步跳）（S1.E1.K）	幼儿园	
	1年级：熟练地进行单脚跳、快跑、慢跑和滑动（S1.E1.1）	1年级	
	2年级：熟练地进行交换跳（S1.E1.2）	2年级	
	3年级：熟练地进行跨步跳（S1.E1.3）	3年级	
	4年级：在各种小型练习任务、舞蹈和体操中运用各种运动技能（S1.E1.4）	4年级	
	5年级：将运动与操作技能融合在一起，以实现各种目标（如在足球、曲棍球和篮球运动中得分）（S1.E1.5c）	5年级	

K~5 年级体育教育课程

标准2：接受过身体素质教育的个人能够运用与运动和运动表现相关的概念、知识、原则和策略。

美国特定区域的《K-12体育教育国家标准》(S#)和小学（E）学业指标	年级的学业指标	不同年级的跨学科活动	州特定的学业标准
S2.E2 路径、姿势、水平	幼儿园：在3种不同的路径中运动（S2.E2.K）	幼儿园	
	1年级：展示与物体的各种关系（如通过、穿过、绕过、越过）的运动（S2.E2.1b）	1年级	
	2年级：将姿势、水平和路径结合运用到简单的运动、舞蹈和体操成套动作中（S2.E2.2）	2年级	
	3年级：了解各种体育活动的运动技能（S2.E2.3）	3年级	
	4年级：将运动概念与小型练习任务中的技能、体操和舞蹈相结合（S2.E2.4）	4年级	
	5年级：将运动概念和游戏环境中的小型练习任务、体操和自己编排的舞蹈相结合（S2.E2.5）	5年级	

K~5 年级体育教育课程

标准3：接受过身体素质教育的个人能够展示出实现和保持体育活动的知识和技能。

美国特定区域的《K-12体育教育国家标准》（S#）和小学（E）学业指标	年级的学业指标	不同年级的跨学科活动	州特定的学业标准
S3.E3 体能知识	幼儿园：认识到快速运动时，心跳和呼吸都会加快（S3.E3.K）	幼儿园	
	1年级：认识到心脏是会随着运动、游戏和体育活动的增加而变得更强壮的肌肉（S3.E3.1）	1年级	
	2年级：认识到体育活动对加强体能的益处（S3.E3.2b）	2年级	
	3年级：描述体能的相关概念，并举例说明体育活动能够促进身体健康（S3.E3.3）	3年级	
	4年级：识别与健康相关的体能要素（S3.E3.4）	4年级	
	5年级：区分技能型体能和健康型体能（S3.E3.5）	5年级	

K~5年级体育教育课程

标准4：接受过身体素质教育的个人能够展示出尊重自我和他人的责任的个人和社会行为。

美国特定区域的《K-12体育教育国家标准》(S#)和小学(E)学业指标	年级的学业指标	不同年级的跨学科活动	州特定的学业标准
S4.E4 与他人合作	幼儿园：与他人共享器材和活动空间（S4.E4.K）	幼儿园	
	1年级：在不同的课堂环境（如小组或大组）中与他人协作（S4.E4.1）	1年级	
	2年级：在协作环境中能独立工作（S4.E4.2）	2年级	
	3年级：对他人在活动中的表现给予赞扬（S4.E4.3b）	3年级	
	4年级：接纳任何技能水平的学生参与体育活动（S4.E4.4b）	4年级	
	5年级：接受和认可积极参与体育活动和团体项目的各种技能水平的学生（S4.E4.5）	5年级	

K~5年级体育教育课程

标准5：接受过身体素质教育的个人能够认识到体育活动对于健康、愉悦程度、挑战、自我表现和社交互动的价值。

美国特定区域的《K–12体育教育国家标准》（S#）和小学（E）学业指标	年级的学业指标	不同年级的跨学科活动	州特定的学业标准
S5.E3 自我表现和愉悦程度	幼儿园：认识到体育活动令人愉快（S5.E3.Ka）	幼儿园	
	1年级：讨论个人享受体育活动的原因（S5.E3.1b）	1年级	
	2年级：确定可以提供自我表现机会的体育活动（如舞蹈、体操和游戏环境中的练习任务）（S5.E3.2）	2年级	
	3年级：说明喜爱某项体育活动的原因（S5.E3.3）	3年级	
	4年级：对参加不同的体育活动的乐趣按照愉悦程度进行排名（S5.E3.4）	4年级	
	5年级：分析不同体育活动带来的愉悦程度和挑战难度，确定产生积极或消极反应的原因（S5.E3.5）	5年级	

实验9.4：制定一个融合活动计划

融合的最后一步是把活动构想落实到课程活动中。从实验9.3列出的活动中选择一个，做好具体的活动计划。开展活动前首先确定活动名称、年级和目标任务，然后列出与州特定的学业标准相符的国家标准。列出在课堂上组织活动所需的所有材料和各州规定的该活动安全注意事项。各活动课程应包括活动介绍、活动参与和结束部分。写出各部分的预期完成时间。在活动解释栏里列出具体指导说明，让看到该表格的人都能教授该活动。填写活动组织栏，写出开展活动所需的学生数（组或队列的数量和各组或各队列的学生数）以及学生们向其他路线移动的具体情况。

参照本章前面已呈现的案例"运动的数字"的完整表格填写以下表格。

体育教育融合活动

活动名称：

年级：

目标任务：

采用的标准：

美国《K-12 体育教育国家标准》	年级的学业指标	州特定的学业标准

所需材料：

安全注意事项：

活动解释	活动组织
为了让学生执行活动，教师需要告诉学生什么	每组或每队列有多少学生以及这些学生去哪里执行活动
活动介绍	
活动参与	
结束	

第10章

课堂内外的最佳实践

目标

- 介绍包括健康教育和体育教育在内的年度课程计划应包括的内容。
- 定义支架式教学,并将它应用于健康主题或体育主题的教育。
- 介绍普遍用于健康教育的3种有效的教学方法。
- 介绍形成性评估与总结性评估的区别。
- 列出一个评估策略,用来评估学生对课堂上所讲授内容的理解程度。
- 介绍如何支持健康政策。

你不能培养一个不健康的孩子,也无法让一个没有受过教育的孩子保持健康。

——乔斯林·埃尔德斯
(Jocelyn Elders)

有效的健康教育和体育教育必须是全面和连续的，并以标准为基础、以学生为中心。如何在课堂和学校里将这个理念转化成最佳实践？在本章中，你将学习6个重要方法来解决这一问题。在设计课内外健康课程时，请牢记这6点。这些重要方法包括但不限于以下内容：提前计划、使用有效的教学方法、实行有效的评估、提供更好的学习环境、提升专业知识和能力，以及支持健康政策。

提前计划

有意义的计划应该从审视大局开始，并

确定学生需要掌握哪些知识，在学年结束时需要具备哪些技能，此方法被称为逆向设计计划。逆向设计计划鼓励教师先确定他们所期望的结果，并根据这些结果来规划课程。一个全面可行的健康教育课程应涉及第3章中所讨论的10个内容领域，表10.1列出了这些领域。

另外，这些课程必须与第2章讨论的美国《国家健康教育标准》（NHES）相符，如图10.1所示。教师可以每个月完成某个特定教学内容的目标。表10.2所示为为期3个月的健康课程计划示例。

表10.1 健康教育的10个内容领域

内容领域	潜在主题（K~3年级）	潜在主题（4~6年级）
心理和情感健康	表达情感 管理情感 尊重 积极的自我形象 行为榜样 结交朋友 听取他人意见 消化来自同伴的压力 解决冲突 做一个负责任的家庭成员	有效沟通 解决冲突 培养好的性格 做出负责任的决策 善于倾听 行为榜样 对家庭负责 与家庭成员交流 解决家庭中存在的问题 积极的自我形象 关爱自己，关爱他人
促进健康和预防疾病	咳嗽和打喷嚏时捂住口鼻 勤洗手 接种疫苗 体检 刷牙和用牙线清洁牙齿 皮肤护理 安全的日光浴 除虱 眼部护理 耳部护理	注重个人卫生 注重口腔卫生 预防传染病 预防和治疗糖尿病 预防和治疗哮喘 安全的日光浴 降低健康风险 卫生保健服务
促进体育锻炼	安全性 灵活性 体能 心率	通过运动来促进健康 体育运动的好处 对运动水平的影响 发展体能的运动

续表

内容领域	潜在主题（K~3 年级）	潜在主题（4~6 年级）
促进体育锻炼	伤害预防	安全性 灵活性 心血管和呼吸系统健康 热身运动 整理运动 健康的身体成分 伤害预防
促进健康饮食	食品安全 勤洗手 营养学 食物组合 营养品 正餐和零食	消化过程 应遵循的饮食指南 健康的零食 食物的标签 食物的包装 食物的选择
促进健康饮食	购买食物 储存食物 喝水 消化系统	储存食物 膳食计划 营养品 水的重要性 通过食物预防疾病 通过改变行为来改善饮食习惯 预防食源性疾病 保持健康的体重 认识进食障碍
成长和性发育	成长和发育 循环系统 神经系统 呼吸系统 肌肉组织 骨骼组织 尊重自己和他人 家庭角色 身体护理 青春期的情绪波动和心理变化	成长和发育 身体护理用户手册 青春期的变化 身体变化 思想变化 尊重自己和他人 家庭角色 责任感 艾滋病病毒和艾滋病 怀孕和分娩 人类的繁殖
社区和健康消费	查看药品标签 所处的社区 医生 药剂师 护士 医护人员 消防员 警察	做消息灵通的消费者 理智地花费时间和金钱 阅读药品标签 正确使用药物 处方药 非处方药 社区内的健康服务 医疗卫生事业的发展 评估健康信息 提升健康素养

内容领域	潜在主题（K~3年级）	潜在主题（4~6年级）
环境健康	减少浪费 循环利用 干净的水资源 清新的空气	人类健康与环境的关系 减少浪费 循环利用 避免空气、水资源和土壤被污染 保护自然资源 节约用水 节约能源 倡导健康的环境
预防酒精和药物滥用	安全用药 药物安全 非处方药与处方药的差异 危险药物 朋友的选择 设定目标，解决问题	负责任地使用处方药、非处方药 吸入剂 建立保护机制，抵制酒精和烟草 评估酒精和烟草的危害 评估媒体对酒精和烟草的推广 新闻中描述的酒精和烟草 消化同伴给予的酗酒、吸烟的压力
预防故意伤害和暴力	解决冲突 表达情感 管理情绪 尊重 善于倾听他人的意见 自我肯定 榜样的力量 结交朋友 避免动武 对恐吓的处理 对突发事件的应对	与青少年暴力有关的风险和保护因素 预防校园暴力 家庭暴力和虐待 欺凌、网络欺凌 有效的沟通 解决冲突 倾听的方法 榜样的力量 自我肯定
伤害预防和安全问题	系安全带 坐在后座骑行 在紧急情况下的求助 在家里需要注意的安全问题 安全行走 使用好友联络系统 戴头盔 安全用火 安全用水 安全用电 防止被狗咬伤 基本的急救方法	对突发事件的应对 通用的预防措施 安全用火 防止溺水 机动车安全 独自在家的安全问题 安全行走和安全骑自行车 在紧急情况下用电话求救 在恶劣天气和自然灾害中保护自己 在炎热和寒冷的天气中预防疾病

标准1	学生将了解一些与促进健康及疾病预防相关的概念，从而提高健康水平。
标准2	学生将能够分析家庭、同伴、文化、媒体、科技等因素对健康行为的影响。
标准3	学生将能够展示获得有效信息、产品和服务来改善健康状况的能力。
标准4	学生将能够展示运用人际沟通技巧来改善健康状况和规避或降低健康风险的能力。
标准5	学生将能够展示运用决策技巧来改善健康状况的能力。
标准6	学生将能够展示使用目标设定技巧来改善健康状况的能力。
标准7	学生将能够展示积极实行改善健康的行为和规避或降低健康风险的能力。
标准8	学生将能够展示倡导个人、家庭和社区健康行为的能力。

源自：Joint Committee on National Health Education Standards, 2007, *National health education standards: Achieving excellence*, 2nd ed. (Atlanta: American Cancer Society).

图10.1　美国《国家健康教育标准》

表10.2　为期3个月的健康课程计划示例

月份	掌握内容所需的时间	（K~3年级）学习的内容领域和主题	国家健康教育标准
9月	5个1小时课程	心理和情感健康 ■ 表达和管理情感 ■ 积极的自我形象 ■ 行为榜样 ■ 结交朋友 ■ 消化来自同伴的压力	标准1、标准3、标准4和标准5
10月	7个30分钟课程	促进健康和预防疾病 ■ 咳嗽和打喷嚏时捂住口鼻 ■ 勤洗手 ■ 接种疫苗 ■ 体检 ■ 刷牙和用牙线清洁牙齿 ■ 皮肤护理 ■ 安全的日光浴	标准1、标准2、标准4、标准5、标准6和标准8
11月	5个1小时课程	促进体育锻炼 ■ 安全性 ■ 灵活性 ■ 体能 ■ 心率 ■ 伤害预防	标准1、标准2、标准3、标准5、标准7和标准8

注：你可根据列出的学习内容领域和主题开发课程

有效的教学方法

优秀的课堂教师明白其课程设计和课堂学习环境的重要性。一个组织良好的课程和一个有利于学习的环境有助于更好地实现既定的教学目标。要设计一个好的课程必须有针对性地规划并全面使用各种教学方法。教师应用一种最适当的教学方式来教授学习内容，以促进学生的学习和技能发展。支架式教学是一个很好的方法。当使用支架式教学方法时，完成教师发布的任务能够使学生先前掌握的知识更加牢固并产生新信息。支架式教学只需教师完成以下操作。

- 以发展性教学方法教授学习内容。
- 对新信息的使用进行建模。
- 练习使用新信息。
- 以不同的方式应用新信息。

教师向学生讲授如何制定健康决策时，首先需要明确制定决策的步骤：判别决策；考虑选择；想到每个决策的后果；制定决策；评估决策。接下来，教师可以通过提供与健康相关的决策示例（如选择健康零食）来给健康行为建模，并通过有声思维的方式演示决策制定过程。然后，为学生提供一个机会，让学生练习制定各种与健康相关的决策，例如，让学生以小组的方式完成有预备选项的案例研究，而后以班级为单位进行讨论。最后，为每个学生模拟一个需要他们使用决策制定模型来制定决策的情景。学生必须阐明他们的决策，以及他们制定该决策的过程，并且还要牢记该过程，这样可以让学生更好地获取和学习交互的、可参与的以及个性化的新信息。各种发展性教学方法如表10.3所示。

表10.3　发展性教学方法

教学方法	描述	优点
决策流程图	根据一系列选项，绘制一个涉及协商决策的思维流程图	是帮助学生了解与健康相关的决策的重要工具
班级讨论	该课程将探讨一个问题或主题，目的是更好地理解问题或技能，以获得最佳解决方案或开拓新思路	以集思广益的方式解决问题，不仅为学生提供了相互学习的机会，使学生对这些问题有了更深入的了解，还有助于培养学生的聆听技巧以及增强学生的自信心
头脑风暴	学生在给定的时间内就某个主题或问题提出各种想法。想法的数量是主要目标，即想法越多越好	让学生快速、自发地拓展思路，帮助学生发挥想象力。一个有创意的班级是一场好的讨论的开始
角色扮演	学生们根据一个非正式的改编剧本，表演出其中一个场景	提供一个出色的方法来实践各种技能和主张，以批判的方式进行思考，并了解其他人的观点
思考、交换、分享	提出一个问题，让学生们分别在纸上回答。接下来，让他们与邻桌交换答案。最后，将这些成对的答案分享给整个班级	最大限度地提高学生的投入度，让学生们从同伴身上听到和学习到一些东西

续表

教学方法	描述	优点
值得教育的时刻	有时机会会在某天的健康课中突然出现。例如,一名学生刚从牙医那里带着一些牙线返回教室,此时可能是向你的学生再次强调口腔卫生的好时机	提供一些学生可以快速关联的来自目前生活环境的主题,有助于学生保持头脑灵活和反应灵敏
在线模拟和游戏	学生可以玩一些要用到批判性思维来解决问题和制定决策的游戏。在线模拟可以让学生获得像真实体验一样的感受	学生需要综合应用知识、态度和技能,并在安全的网络环境中验证各种假设
实例研究	描述健康相关问题或主题的真实故事	促使学生思考自己的行为和决策能力。实例研究可以与特定活动关联,以帮助学生在面临健康风险之前练习应对方式
学习中心	通常是在课室或走廊中放置一张桌子,其中包含一系列用于教学的活动和材料,可以帮助学生熟悉健康概念并增强健康意识	要求学生共同努力,在特定的健康主题的基础上建立坚实的知识基础
图像式思考辅助工具,T图,知识、思考、学习图表,维恩图或词汇网	选定一个健康主题,让学生们在与健康相关的空白区域填写相关想法和信息,并将之放到图表上做一个视觉描述	允许学生说出他们关于健康相关主题的想法,并描绘这些想法与相关概念的关系
榜样	分享自己健康活动和体育运动的营养日志、每日的饮水量、睡眠时间或每日步数,并从这些数据中获得结论	学生们会很自然地模仿周围的人。学生会受到教师的强烈影响,很可能会模仿教师展现出的健康行为

学习评估

评估学生时,教师可以收集关于他们的表现或成绩的信息,还可以将评估定义为教师为帮助学生学习和评估学生的学习进度所开展的所有活动。

形成性评估和总结性评估

形成性评估用于衡量教学单元内的学习情况,并向学生提供反馈;该评估通常被认为是一种"过程"评估。它包括教师和学生进行的所有活动,可以为教师修改在教学单元中运用的教学方法和学生及时调整学习策略提供重要的反馈信息。表10.4提供了许多在小学教育中常用的形成性评估策略。它们有助于教师轻松快速地在课堂上或在课程结束时衡量学生的学习情况。

总结性评估发生在教学单元、学期或学年结束的时候。总结性评估用于在既定的教学期结束时评估学生的学习、技能获取和学业成绩情况。这种类型的评估通常用于确定学生对教师所教授内容的掌握程度。总结性评估更多的是以"结果"为导向,以下是总结性评估策略的几个例子。

表10.4　形成性评估策略

策略	描述
红绿灯	给每个学生一组3色圆圈（红色、黄色、绿色）。一节课结束后，让学生们根据他们对课程材料的理解程度（完全不理解、部分理解、全部理解）举出适当的颜色
1分钟短文	在课堂结束时，要求学生写一个1分钟的短文，总结他们对课堂中提出的关键思想的理解。根据他们的短文展现出的理解偏差来准备下一课的材料
索引卡问题	在课前给每个学生发一张空白的索引卡。在课程结束时，指导学生总结从课上学到的3个关键点，同时提出有关课程的任何问题。收集索引卡以规划下一节课并回答学生提出的问题
击掌	根据他们对课程的理解，让学生在课后打出手势信号。例如，"如果你明白我们刚刚学到的东西，请伸出5个手指"和"如果你不明白我们刚刚学到的东西，请伸出1个手指"

作业集

作业集是学生作业的集合，代表了学生通过一个单元的学习取得的进步。它应该包括各种综合性的任务，可以反映学生的知识、批判性思维能力、获取准确的健康信息并进行研究的能力，以及思考他们已学到的知识的能力。作业集的评估标准应建立在与学生合作的基础上。

量规

量规是根据预期标准清晰简洁地定义预期任务的评分标准，它可以同时作为形成性评估和总结性评估的工具。量规可帮助学生确定必须做什么才有可能获得更好的成绩。为学生提供一个量规副本，确保他们在任务开始之前已了解教师的预期教学目标。

表演或短剧

短剧是评估具体学习行为（反欺凌、反吸烟、选择健康食品）的好工具。学生可以选择剧本内容和角色、编写剧本、参与制作服装以及表演剧本。

健康展会

在一个健康主题单元快要结束的时候，可以在美国国家健康宣传月围绕某个特定的主题（癌症预防、心脏健康、口腔卫生）举办健康展会。学生可以研究讨论的主题；制作横幅、准备印刷品和其他媒体材料；为健康展会创建展位或其他活动空间；组织相关活动。

真实性评估

近年来，真实性评估变得越来越流行。真实性评估是一种评估方式，它要求学生通过执行任务来展示其知识或技能应用的真实水平。要使用真实性评估，教师必须先确定学生为证明自己的能力需要执行的具体任务。量规是围绕这些任务设计的，用来确定学生是否掌握了相关知识。不断开发课程是为了使学生能够更好地执行这些任务，包括获取相关的知识或技能。

学习环境

让学习活动和学习环境适应学生的身体、认知和医疗需求，有助于学生的学习。在每个学年开始之前，教师要熟悉学生的相关记录，并向学校护士告知与学生有关的一切健康问题。通常，如果学生存在健康问题，学生的家长或监护人将会安排一次会议，讨论如何更好地满足学校可能出现的健康需求。教师可能会遇到患有哮喘、花生过敏和骨折等常见病症的学生，但也要注意，课堂里的学生也可能患有癫痫、糖尿病、溃疡性结肠炎或其他疾病。教师要确保记录了在校期间学生发生的所有与健康有关的事件或事故，并将其报告给相关的权威机构。

如果学生的身体健康问题严重限制了他进行一个或多个主要的生活活动（包括上学），那么该学生可能有资格参加504计划。504计划为这类学生提供了与同龄人相同的住宿条件。504计划适用于需要调整环境的学生，以使他们的身体状况不会妨碍他们接受教育。学校需要为参加504计划的学生提供有关身体残疾或身体状况的帮助，例如，为坐轮椅的孩子准备额外的空间；为糖尿病学生注射胰岛素或为患有脊柱裂的学生提供结肠瘘袋。其他504计划中的学生可能会患有注意缺陷多动障碍、类风湿性关节炎、哮喘、癌症和艾滋病等疾病。

学习环境的一般考虑因素包含以下几点。

- 在课堂和学校周围使用适当的课程材料和视觉辅助工具。
- 使用适合学生年龄和发展的信息、材料和教学策略。

实施最佳实践的指南

美国健康与体育教育者学会发布了一个题为《基于学校的健康教育的适当做法》的指导性文件，可在相关网站找到该文件。该文件提供了关于学习环境、课程设置、指导性策略、评估、宣传和专业化的最佳实践。该文件还提供了针对每个类别的示例，是可用于向小学生传授健康教育知识的优质资源。

- 提供授权的、没有性别歧视和偏见的视觉材料。
- 确定材料是否具有文化敏感性和文化包容性，以满足日益多样化的课堂环境的需求。
- 为英语水平有限或将英语作为第二语言的学生多做考虑，并根据需要修改材料和视觉材料。

遵循这些指导方针有助于提升学生的学习体验，并提供一个包容的学习环境。

学生和家长资源

许多对学生友好的资源都可以用来补充课堂上教授的内容。订阅杂志、访问适合学生且与健康相关的网站、阅读一些书籍，这些都可以为教师的课堂教学提供信息支持，也可以为家长和家庭提供宝贵信息。寻找这些资源的重要一步是寻求学校图书馆管理员的帮助或听取技术专家的建议。接下来，列出一个可持续使用的资源清单，教师可以用它来规划健康和体育教学单元。将这些网络资源和文献清单添加到一份简短的健康简报中，在新的教学单元开始时，将该简报发送到学生家长手中。在一些课程中使用这些资源来补充教学材料；布置需要使用这些材料的简短的家庭作业，使家长和学生能够更加熟悉健康信息的准确来源。

课堂奖励

学校应该教学生如何做出健康的选择，以及如何通过饮食来满足营养需求。基于学生的表现或行为向他们提供食物或将食物与学生的情绪联系起来，这种做法可以鼓励学生在不饿时也吃东西；但也可能使学生养成终身的情绪饮食习惯，并且增加其成年后超重和肥胖的风险。最好的策略是不要用食物奖励学生在课堂上的良好行为或学业表现。相反，应该用非食品奖品来奖励他们，如学习用品、额外的休息时间，以及获得在课堂上听音乐或跳舞的机会。其他奖励包括板球、飞盘、贴纸或谜题。更多奖励方法，请参见第6章。

开展日常活动

为了身体健康，学生每天至少需要进行60分钟的体育活动。体育活动可以帮助他们更好地学习，提高整体健康和幸福感。有许多方法可以让学生们在校期间充分活动起来。用于描述这些活动的术语包括"大脑休息"、"激励因素"和"即时休息"。其想法是在学生在校期间选择不同的时间段进行短暂的体育活动。这些活动可以短至

1~3分钟或长达10分钟（不包括休息和体育课）。有关这一最佳实践方法的更多信息，请参见第7章。

专业发展

专业发展是教师在课堂上传授健康教育或体育教育中最常被提及的障碍之一。教授这些内容要求教师对教学内容有一定程度的了解且需要具备自我效能感，才能有效地向学生传授这些内容。持续的专业发展对教师来说是获得知识和能力以更好地制定课程计划和教授适合发展性内容的必要条件。教师应向学校管理部门建议提供有关健康教育和体育教育领域的教师研讨会和专业发展机会。许多该领域的专家都致力于这一领域的发展，并乐于分享他们的知识和经验。

与其他教师、学校护理人员、学校营养人员、社区卫生专业人员以及相关机构（如医院、卫生部门、牙科诊所、与健康相关的非营利组织）合作也是汇集这些专家的重要手段，这些专家可以给予学校里那些需要持续专业发展的教师帮助。

支持健康政策

教师有责任鼓励和推动一些政策和实践的实施，以支持在课堂和校园内进行健康教育。以下是一些可能与教师所在的学校或地区的政策有关的重要主题，也可以开发其他主题来确保健康问题得到解决。

当地学校的健康政策

学校健康政策是一些有助于建立健康的学校环境，促进学生健康和降低学生肥胖率的规定。在美国，所有的学区都需要参加联邦学生营养计划，包括美国全国学校午餐计划和学校早餐计划，数百万学生可以从这些政策中受益。了解学校所在地区的健康政策，并在全体教师会议上分享。接下来，加入参与了当地学校健康政策的实施和更新的组织。如果不存在这样的组织，你可以发起一个倡议，促进学校的学生变得更加健康，并提供更多参与体育运动的机会。

筹款和学校自动售货机

许多学校依靠筹款来补充学校预算，并用募捐资金来支付购买器材、用品和开展特别活动的费用。不幸的是，许多学校的筹款活动都涉及出售不健康食品。传统意义上的学校筹款活动也一直充斥着垃圾食品。学校的行政部门和家长们需要一起努力，让学校的筹款变得既健康又有益。筹款方案如表10.5所示。

表10.5　筹款方案

不支持健康和体育活动的传统筹款活动	支持健康和体育活动的筹款活动
销售烘焙食品 销售比萨 销售曲奇 销售糖果和甜甜圈 在快餐店筹款	销售印有学校名称的瓶装水 销售水果 销售挂历、文具或贺卡 销售急救箱 销售备灾包 销售植物花卉 销售香料和食谱 洗车 募捐长跑 体育赛事 保龄球和高尔夫球比赛 抽奖

源自：The Center for Science in the Public Interest, *Sweet deals: School funding can be healthy and profitable.*

从2014—2015学年开始，在美国学校销售的所有食品都必须符合通用的营养标准。这些标准也被称为学校监管下的健康小吃。它们是可用于食堂、学校商店和自动售货机销售的各种食品。学校自动售货机通常用于补充现有的食品项目或服务。为使全校师生获得更多营养而销售健康的食品，是一种增加学校资金的同时又保持健康的学校环境的方法。与自动售货机供应商合作提供一系列健康食品，以增加学生的食品选择。一些经销商会与学校合作，对健康食品进行重新定价，使其比不健康的食品更便宜。以下是健康食品的几个例子。

- 100%纯果汁、蔬菜汁、低脂纯牛奶或水。
- 低脂奶酪、酸奶。

- 格兰诺拉麦片、天然食品、鹰嘴豆泥。
- 坚果、干果、肉干。
- 全麦饼干、花生酱。
- 无花果酥、干果。
- 苹果、芹菜茎。

市场营销和广告

学校应该是健康的地方，学生不应该在这里遭到垃圾食品的广告轰炸。当父母在家里教导他们养成健康习惯时，父母的工作不应受到学校不健康信息的影响。许多学校仍在自动售货机、记分牌、体育馆和学生报纸上宣传含糖饮料和其他垃圾食品。美国疾病控制与预防中心、美国医学研究所和美国儿科学会建议，在学区实施相关的政策和举措，以支持销售健康的食品和饮料；与学校合作，审查并修订学校健康政策，从而杜绝学校对不健康食品和饮料的营销和推广；支持学校制定相关政策，禁止在课堂中食用食物（包括糖果）。学校可以考虑与家长和教师合作，制定政策并采取举措，以保证在一天里让教师们和学生们都进行间隔活动和大脑休息（如早晨公告时的运动）。

小结

能够为学生们提供有效的健康教育和体育教育的教师，通常都有多种教育方法。一个有意义的计划的内容应包括10个健康内容领域和美国《国家健康教育标准》。教师可以使用各种教学和评估方法来加强学习，最佳方式包括参加研讨会和持续地进行专业进修，以保持对内容知识和核心技能的敏锐度。与其他教师以及社区健康和体育运动专业人士的合作是促进课堂健康教育和体育教育的关键。优秀的教师会为家长和学生提供合适的健康资源，如杂志、时事通信应用程序和网站。教师应树立健康的大脑休息或即时休息的意识，确保所有材料和视觉素材都具有发展适用性、文化包容性。称职的教师会让课堂环境满足学生的身体、认知和医疗需求。结合使用以上方法将提高学生参与度，增加学生的健康知识，提高学生的体育运动水平，并促使学生参与有积极影响的健康行为。

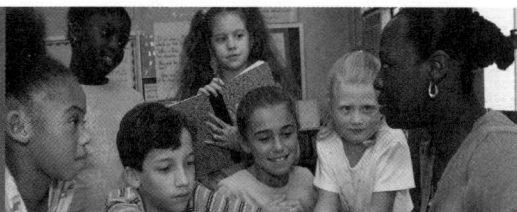

复习题

1. 列出健康教育的10个内容领域中的任意4个领域。

2. 什么是支架式教学，它如何帮助教师在课堂上教授体育教育的内容？

3. 什么是形成性评估？说出3个形成性评估策略。

4. 什么是总结性评估？列出并具体描述一种总结性评估策略。

各项学业指标明确表达了学生们若要达到每个年级的学业标准应该知道和学会做的事情。各项标准的年级跨度有幼儿园至2年级、3~5年级、6~8年级和9~12年级。学业指标是组织学生评估的蓝图。

标准1

学生将了解一些与促进健康及疾病预防相关的概念，从而提高健康水平。

基础理论：掌握基本的健康概念和功能性的健康知识，可以为促进青少年的健康行为奠定基础，这一标准包括建立在健康行为理论和模型基础上的基本概念，以及一些注重促进健康和降低健康风险的概念。

学业指标

幼儿园至2年级

1.2.1 认识到健康的行为可以影响个人健康。

1.2.2 认识到健康是多维度的。

1.2.3 描述预防传染病的方法。

1.2.4 列举预防常见的儿童伤害的方法。

1.2.5 描述为何注重医疗保健非常重要。

3~5年级

1.5.1 描述健康行为和个人健康之间的关系。

1.5.2 列举情感、智力、身体和社会健康的例子。

1.5.3 描述通过安全、健康的学校和社区环境促进个人健康的方法。

1.5.4 描述预防常见的儿童伤害和健康问题的方法。

1.5.5 描述应如何注重医疗保健。

标准2

学生将能够分析家庭、同伴、文化、媒体、技术等因素对健康行为的影响。

基础理论：健康受社会内外各种积极和消极因素的影响，本标准专注于识别和了解影响青少年健康行为和习惯的各种内外部因素，包括个人价值观和个人准则等。

学业指标

幼儿园至2年级

2.2.1 了解家庭如何影响个人的健康行为和习惯。

2.2.2 了解学校应该怎样支持个人的健康行为和习惯。

2.2.3 描述媒体是如何影响健康行为的。

3~5年级

2.5.1 描述家庭如何影响个人的健康行为和习惯。

2.5.2 了解文化对健康行为和习惯的影响。

2.5.3 了解同伴如何影响个人的健康和不健康的行为。

2.5.4 描述学校和社区如何支持个人的健康行为和习惯。

2.5.5 了解媒体如何影响个人的思想、情感和健康行为。

2.5.6 描述科技影响个人健康的方式。

标准3

学生将能够展示获得有效信息、产品

和服务来改善健康状况的能力。

基础理论：获得有效的健康信息以及促进健康的产品和服务对于疾病预防、早期发现和治疗至关重要，本标准主要针对如何识别和获得有效的健康资源，以及如何拒绝未经证实的消息，运用一些分析、比较和评估健康资源的技巧，帮助学生提高健康素养。

学业指标

幼儿园至2年级

3.2.1 识别并找出有助于促进健康的专业人士。

3.2.2 识别并找出学校和社区中的帮手。

3~5年级

3.5.1 了解有效的健康信息、产品和服务的特点。

3.5.2 确定家庭、学校和社区中可以提供有效健康信息的资源。

标准4

学生将能够展示运用人际沟通技巧来改善健康状况、规避或降低健康风险的能力。

基础理论：有效的沟通可以促进个人、家庭和社区的健康，本标准重点关注负责任的个人如何使用语言和非语言沟通技巧来发展和维持健康的人际关系，组织和传递信息与情感的能力是加强人际交往、减少或避免冲突的基础。

学业指标

幼儿园至2年级

4.2.1 展示表达需求、欲望和情绪的正确方法。

4.2.2 展示可以改善健康状况的聆听技巧。

4.2.3 展示在不被欢迎、遭遇恐吓或危险的环

境中应如何反应。

4.2.4 展示在受到威胁或伤害的情况下应如何告诉可信赖的成年人。

3~5年级

4.5.1 展示使用有效的语言和非语言沟通技巧来改善健康状况的能力。

4.5.2 展示可以规避或降低健康风险的能力。

4.5.3 展示用来管理或解决冲突的非暴力策略。

4.5.4 展示如何寻求帮助来改善个人健康状况。

标准5

学生将能够展示使用决策技巧来改善健康状况的能力。

基础理论：学生在确定、实施和维持促进健康的行为时，必须有决策能力，正如学业指标中所规定的，这个标准中包含了制定健康决策所需的基本步骤，在被用于解决健康问题时，决策的制定过程能够促使个人与他人合作，从而提高生活质量。

学业指标

幼儿园至2年级

5.2.1 了解需要制定与健康相关的决策时的情形。

5.2.2 区分在不同的情形中制定的健康决策何时可以独立实施，何时需要帮助。

3~5年级

5.5.1 了解可能需要经过深思熟虑后才能做出的与健康相关的决策。

5.5.2 分析在制定健康决策时何时需要帮助。

5.5.3 列出决策中可能要做的健康选择。

5.5.4 在制定某个健康决策时，预测每个选择可能带来的结果。

5.5.5 在制定决策时，做出一个健康的选择。

5.5.6 描述一个健康决策可能带来的结果。

标准6

学生将能够展示使用目标设定技巧来改善健康状况的能力。

基础理论：目标设定技巧对于帮助学生识别、采用和保持健康行为至关重要，这一标准包括实现短期和长期健康目标所需的关键步骤，这些技巧使得个人拥有针对未来的远大志向和计划成为可能。

学业指标

幼儿园至2年级

6.2.1 确定一个短期的个人健康目标，并采取相应行动来实现此目标。

6.2.2 确定在实现个人健康目标的过程中需要帮助时谁可以提供帮助。

3~5年级

6.5.1 设定一个个人的健康目标并跟踪进度，直至实现目标。

6.5.2 寻找资源来帮助实现个人健康目标。

标准7

学生将能够展示积极实行改善健康的行为并规避或降低健康风险的能力。

基础理论：研究证实，积极实行改善健康的行为有助于提高生活质量，此外，减少有害和冒险行为可以预防许多疾病和损伤，这一标准促进了学生对实现健康的个人责任的接受，并鼓励他们实行健康行为。

学业指标

幼儿园至2年级

7.2.1 展示可以促进和保持个人健康的行为。

7.2.2 展示规避或降低健康风险的行为。

3~5年级

7.5.1 了解有责任感的个人健康行为。

7.5.2 展示保持或改善个人健康状况的各种行为。

7.5.3 展示规避或降低健康风险的各种行为。

标准8

学生将能够展示倡导个人、家庭和社区健康行为的能力。

基础理论：倡导能力可以帮助学生推行健康规范和健康行为，这个标准有助于学生发展改善健康状况的重要技能，并鼓励他人实行健康的行为。

学业指标

幼儿园至2年级

8.2.1 提出促进个人健康的要求。

8.2.2 鼓励同伴做出积极的健康选择。

3~5年级

8.5.1 表达观点并准确描述健康问题。

8.5.2 鼓励他人做出积极的健康选择。

源自：Joint Committee on National Health Education Standards, 2007, *National health education standards: Achieving excellence*, 2nd ed. (Atlanta: American Cancer Society).

附录B　美国中小学（K-12）体育教育国家标准和年级—水平指标

附录B中的所有资料源自：SHAPE America, 2014, *National standards & grade-level outcomes for K-12 physical education* (Champaign, IL: Human Kinetics), 26-37.

这里只列出了幼儿园至5年级的年级—水平指标。

标准1：接受过身体素质教育的个人能够展示出熟练运用各种运动技能和运动模式的能力。

标准1	幼儿园	1年级	2年级	3年级	4年级	5年级
运动标准						
S1.E1 单脚跳、快跑、慢跑、滑动、交换跳、跨步跳	在保持平衡的同时表现各种运动技能（单脚跳、快跑、慢跑、滑动、交换跳、跨步跳）（S1.E1.K）	熟练地进行单脚跳、快跑、慢跑和滑动（S1.E1.1）	熟练地进行交换跳（S1.E1.2）	熟练地进行跨步跳（S1.E1.3）	在各种小型练习任务、舞蹈和体操中运用各种运动技能（S1.E1.4）	在动态的小型练习任务、体操和舞蹈中展示熟练的运动技能（S1.E1.5a）在游戏环境下的各种小型练习任务中运用各种运动和操作技能（S1.E1.5b）将运动与操作技能融合在一起，以实现各种目标（如在足球、曲棍球和篮球运动中得分）（S1.E1.5c）
S1.E2 慢跑、快跑	此动作适合进入2年级后进行	此动作适合进入2年级后进行	熟练地进行奔跑（S1.E2.2a）通过运动展示慢跑和短跑的不同（S1.E2.2b）	通过运动展示短跑和快跑的不同（S1.E2.3）	熟练地进行一定距离的奔跑（S1.E2.4）	根据不同的运动距离选择合适的跑步节奏（S1.E2.5）

标准1 运动标准（续）	幼儿园	1年级	2年级	3年级	4年级	5年级
S1.E3 交换跳与落地、水平运动	在保持平衡的同时进行交换跳与落地（S1.E3.K）	双脚起跳和落地，展示影响水平地面交换跳和落地的5个要素中的2个要素（S1.E3.1）	双脚起跳和落地，展示影响水平地面交换跳和落地的5个关键要素中的4个要素（S1.E3.2）	熟练地在水平地面上进行交换跳和落地（S1.E3.3）	具体到体操运动，进行弹簧式交换跳和落地（S1.E3.4）	把交换跳和落地动作与舞蹈、体操和游戏环境下的小型练习任务中的运动和操作技能相结合（S1.E3.5）
S1.E4 交换跳与落地、垂直运动	参考（S1.E3.K）	展示影响垂直落地的5个关键要素中的2个要素（S1.E4.1）	展示影响垂直落地的5个关键要素中的4个要素（S1.E4.2）	熟练地在垂直地面上进行交换跳和落地（S1.E4.3）	参考（S1.E3.4）	参考（S1.E3.5）
S1.E5 舞蹈	运用运动技能对教师领舞的创意舞蹈做出回应（S1.E5.K）	在教师设计的舞蹈中结合运动技能和非运动技能（S1.E5.1）	进行教师或学生设计的有节奏的运动，对简单的节奏做出正确的反应（S1.E5.2）	执行教师选择的合适的舞步和动作模式（S1.E5.3）	结合动作模式和创造舞步表演一个原创舞蹈（S1.E5.4）	将民俗舞蹈和自创舞蹈（个人或团体）中的运动技能与正确的节奏和模式相结合（S1.E5.5）
S1.E6 组合动作	此动作适合进入3年级后进行	此动作适合进入3年级后进行	此动作适合进入3年级后进行	运用一系列运动技能流畅地从一个技能顺利过渡到另一个技能（S1.E6.3）	在教师或学生设计的小型练习任务中结合各种运动与操作技能，如运球、投球、接球和击球（S1.E6.4）	运用技能

续表

标准1非运动标准（稳定性）[1]	幼儿园	1年级	2年级	3年级	4年级	5年级
S1.E7平衡性	在不同的支撑基础上保持稳固的平衡；形成宽体、窄体、蜷曲或扭曲的身体姿势（S1.E7.Ka）（S1.E7.Kb）	在不同的支撑基础上用不同的身体姿势保持平衡（S1.E7.1）	在不同的支撑基础上，结合不同水平高度使身体保持平衡（S1.E7.2a）在静止和平衡的基础上倒立[1]并保持平衡（S1.E7.2b）	在不同的支撑基础上保持平衡，展示肌肉张力和进行身体自由部位的伸展（S1.E7.3）	在不同的支撑基础上运动，展示身体姿势和运动水平的同时保持身体平衡（S1.E7.4）	在做体操或与搭档跳舞的过程中，将保持身体平衡与重心转移相结合（S1.E7.5）
S1.E8重心转移	此动作适合进入1年级后进行	在跳舞和做体操的过程中，将重心从身体的一个部位转移到另一个部位（S1.E8.1）	将重心从脚部转移到身体的其他部位[1]以保持静止时的平衡和运动中的平衡（S1.E8.2）	将重心从脚部转移到其他部位，以获得瞬间的重心支撑（S1.E8.3）	将重心从脚部转移到手部，改变速度并使用较大的伸展动作（如屈腿后踢、倒立、侧手翻）[1]（S1.E8.4）	在做体操和跳舞的过程中转移重心（S1.E8.5）
S1.E9重心转移、翻滚	侧身翻滚成窄体姿势（S1.E9.K）	以窄体或蜷曲的身体姿势进行翻滚（S1.E9.1）	以窄体或蜷曲的身体姿势向不同的方向进行翻滚（S1.E9.2）	运用技能	运用技能	运用技能
S1.E10蜷曲和拉伸、拧转和弯曲	对比蜷曲和伸展动作的差异（S1.E10.K）	展示拧转、蜷曲、弯曲和伸展动作的技能（S1.E10.1）	区别拧转、蜷曲、弯曲动作（S1.E10.2）	在体操平衡训练中引入蜷曲、拧转和伸展动作（S1.E10.3）	在不同的支撑基础上的平衡训练中引入蜷曲、拧转和伸展动作（S1.E10.4）	在舞蹈、体操和游戏的小型练习任务中，展示蜷曲、拧转和伸展技能的正确运用（S1.E10.5）

[1] 进行从脚部到其他身体部位的重心转移时，教师必须对学生采用差异化的教学并布置适合的实践任务。

[1] NASPE, 1992, Outcomes of Quality Physical Education Programs (Reston, VA: Author), p.12.

标准1	幼儿园	1年级	2年级	3年级	4年级	5年级
非运动动作（稳定性）（续）						
S1.E11 组合动作	此动作适合进入2年级后进行	此动作适合进入2年级后进行	将平衡和重心转移技能相结合并将其编排在包括3部分的成套动作中（如舞蹈、体操）来编排和表演舞蹈（S1.E11.2）	结合使用运动技能和运动概念（水平高度、伸展、路径、身姿势、时间、流畅）来编排和表演舞蹈（S1.E11.3）	结合使用运动技能和运动概念（水平高度、身姿势、伸展、路径、力度、时间、流畅）与同伴一起编排和表演舞蹈（S1.E11.4）	结合使用运动技能和运动概念（水平高度、身体姿势、伸展、路径、力度、时间、流畅）与一个团体一起编排和表演舞蹈（S1.E11.5）
S1.E12 平衡和重心转移	此动作适合进入3年级后进行	此动作适合进入3年级后进行	此动作适合进入3年级后进行	将平衡和重心转移与运动概念相结合并编排和表演舞蹈（S1.E12.3）	将运动与平衡和重心转移相结合，在有支撑基础或无支撑基础的情况下编排一套体操动作（S1.E12.4）	将运动与平衡和重心转移相结合，与同伴一起在有支撑基础或无支撑基础情况下编排一套体操动作（S1.E12.5）
操作技能						
S1.E13 低手传球	投掷手对侧的脚向前迈一步并低手传球（S1.E13.K）	低手传球，展示熟练动作的5个关键要素中的2个要素（S1.E13.1）	熟练地进行低手传球（S1.E13.2）	以合理、准确的方式低手传球或掷向目标（S1.E13.3）	运用技能	在非动态环境（闭锁性运动技能）中使用不同大小和类型的物体进行熟练地低手传球（S1.E13.5a）精确地低手传球至较远的目标（S1.E13.5b）

续表

标准1	幼儿园	1年级	2年级	3年级	4年级	5年级
熟练掌握的动作						
S1.E14 肩上传球	此动作适合进入2年级后进行	此动作适合进入2年级后进行	肩上传球，展示熟练动作的5个关键要素中的2个要素（S1.E14.2）	在非动态环境中肩上传球（闭锁性运动技能），展示熟练动作中的5个关键要素中的3个要素，并展示示距离和力量（S1.E14.3）	在非动态环境中肩上传球（闭锁性运动技能）（S1.E14.4a）；在合理的距离内准确地以肩上传球的方式将球传向同伴或掷向目标（S1.E14.4b）	在非动态环境中使用不同大小和形状的球进行肩上传球（闭锁性运动技能）（S1.E14.5a）；精确地将球投掷到较远的地方（S1.E14.5b）
S1.E15 用手传球	此动作适合进入4年级后进行	此动作适合进入4年级后进行	此动作适合进入4年级后进行	此动作适合进入4年级后进行	在非动态环境中以合理方式准确地将球传给运动中的同伴（闭锁性运动技能）（S1.E15.4）	与运动中的同伴准确地进行传球（S1.E15.5a）；在动态方式的小型练习任务中，以合理的方式准确地进行传球（S1.E15.5b）

续表

标准1

熟练掌握的动作（续）

标准1	幼儿园	1年级	2年级	3年级	4年级	5年级
S1.E16 接球	抛掷一个球，并在它第二次弹起之前接住它（S1.E16.Ka） 接住一个由熟练的投掷抛掷者抛的大球（S1.E16.Kb）	在一个柔软的物体弹跳前接住它（S1.E16.1a） 接住由自己抛掷或由熟练的投掷抛掷者抛掷的各种大小的球（S1.E16.1b）	接住由自己传出的或抛出的大球，同时保证身体不会被困住或被抱住（S1.E16.2）	轻轻接住同伴投出的球，展示熟练动作的5个关键要素中的4个要素（S1.E16.3）	在非动态环境中以熟练的动作分别接住超过头顶、在胸、腰或腰部以下的投掷技能（闭锁性运动技能）（S1.E16.4）	在非动态环境中以熟练的动作分别接住由球棒击打出的在头顶、胸、腰或腰部以下的球（闭锁性运动技能）（S1.E16.5a） 在和同伴一起移动的过程中，准确地接到投掷的球（S1.E16.5b） 在动态的小型练习任务中，以合理的方式准确接住对方投掷的球（S1.E16.5c）
S1.E17 用手运球或控球	用一只手运球，尝试第二次接触（S1.E17.K）	使用惯用手在自我空间里持续运球（S1.E17.1）	用惯用手在自我空间里运球，展现熟练的动作模式（S1.E17.2a） 使用惯用手在普通空间里一边走一边运球（S1.E17.2b）	在普通空间里，采用合适的慢节奏移动并控制球和身体，同时进行运球和运动（S1.E17.3）	在自我空间里熟练地用惯用的和非惯用的手来运球（S1.E17.4a） 在普速和减速的情况下控制球和身体，同时进行运球和运动（S1.E17.4b）	在1对1的练习任务中，将运球技能和其他技能相结合（S1.E17.5）

续表

标准1	幼儿园	1年级	2年级	3年级	4年级	5年级
熟练掌握的动作（续）						
S1.E18 用脚运球或控球	用脚内侧轻轻触球，将球向前推（S1.E18.K）	在自我空间里行走时，用脚内侧轻触球或运球	在普通空间里控制球和身体，用脚运球	在普通空间里，以适当的慢节奏运动并控制球和身体，用脚运球（S1.E18.3）	在增速和减速的情况下，控制球和身体并用脚运球（S1.E18.4）	在1对1的练习任务中，将用脚运球的技能和其他技能相结合（S1.E18.5）
S1.E19 用脚传接球	此动作适合进入3年级后进行	此动作适合进入3年级后进行	此动作适合进入3年级后进行	用脚的内侧将球传给一个静止的同伴，并在球传回时迎球跑动（S1.E19.3）	在非动态环境中用脚的内侧将球传给一个同伴（闭锁性运动技能）（S1.E19.4a）用脚的外侧和内侧将球传给一个静止的同伴，并在球传回时迎球跑动（S1.E19.4b）	与同伴熟练地在运动中用脚传球（S1.E19.5a）与同伴熟练地在运动中用脚接球（S1.E19.5b）
S1.E20 联合运球	此动作适合进入4年级后进行	此动作适合进入4年级后进行	此动作适合进入4年级后进行	此动作适合进入4年级后进行	用手或脚并结合其他技能运球（如传球、接球、过球、射门）（S1.E20.4）	在各种各样的小型游戏环境中，熟练地用手或脚传球（S1.E20.5）

续表

标准1	幼儿园	1年级	2年级	3年级	4年级	5年级
熟练掌握的动作（续）						
S1.E21 踢球	在固定位置踢走一个静止的球，展示熟练动作的5个关键要素中的2个要素（S1.E21.K）	接近某个静止的球并向前踢球，展示熟练动作的5个关键要素中的2个要素（S1.E21.1）	持续带球跑，展示熟练动作的5个关键要素中的3个要素（S1.E21.2）	采用持续带球跑的方式，有意地贴着地面踢球，或者将球踢向空中，展示每个熟练动作的5个关键要素中的4个要素（S1.E21.3a）。采用持续跑动的方式，接近一个静止的球，并准确地踢出该球（S1.E21.3b）	熟练地将球贴着地面踢出或将球踢向空中（S1.E21.4）	在小型练习任务中，展示熟练的踢球动作（S1.E21.5）
S1.E22 凌空抽射	向上击打一个轻的物体（如气球）（S1.E22.K）	用张开的手掌向上击打一个物体（S1.E22.1）	连续向上击打一个物体（S1.E22.2）	以手掌或单侧肩击打的方式向前击打一个物体，使其越过球网、碰到墙壁或越过线传给同伴，同时展示熟练动作的5个关键要素中的4个要素（S1.E22.3）	在动态环境中熟练地完成凌空抽射（如2格、4格、手球）（S1.E22.4）	运用技能

续表

标准1 熟练掌握的动作（续）	幼儿园	1年级	2年级	3年级	4年级	5年级
S1.E23 凌空抽射、过顶击球	此动作适合进入4年级后进行	此动作适合进入4年级后进行	此动作适合进入4年级后进行	此动作适合进入4年级后进行	采用双手举过头顶的模式击球，将球向上击出，展示熟练动作的5个关键要素中的4个要素（S1.E23.4）	采用双手击球的方式，将球向上击打至目标位置（S1.E23.5）
S1.E24 击球、短柄击球、短柄器材	用球拍或短柄拍球拍击打较轻的物体（S1.E24.K）	用短柄器材向上击球（S1.E24.1）	用短柄器材连续向上击球（S1.E24.2）	用短柄器材击球，使其越过低网或触碰墙壁（S1.E24.3a）；用短柄器材击球，同时展示熟练动作的5个关键要素中的3个要素（S1.E24.3b）	用短柄器材击球，同时展示熟练动作的5个关键要素（S1.E24.4a）；用短柄器材击球，使其越过低网或触碰墙壁，并与同伴交替击球（S1.E24.4b）	在竞争或合作游戏环境中，与同伴一起使用短柄器材连续击球，越过球网或触碰墙壁（S1.E24.5）

续表

标准1	幼儿园	1年级	2年级	3年级	4年级	5年级
熟练掌握的动作（续）						
S1.E25 击球、长柄器材	此动作适合进入2年级后进行	此动作适合进入2年级后进行	采用正确的握拍方式以及侧向或适当的身体方向，用球棒击球（S1.E25.2）	用长柄器材（如曲棍球棒、棒球棒、高尔夫球杆）向前击球，同时采用适当的方式握紧该器材（S1.E25.3）	用长柄器材（如高尔夫球杆、棒球棒、网球或羽毛球拍）击球，同时展示熟练动作的5个关键要素中的3个要素（S1.E25.4）	熟练地用棒球棒击球（S1.E25.5a）在小型游戏环境中结合使用长柄棒、曲棍球杆来展示击球和运动技能（S1.E25.5b）
S1.E26 与运动相结合	此动作适合进入4年级后进行	此动作适合进入4年级后进行	此动作适合进入4年级后进行	此动作适合进入4年级后进行	将运动与教师和学生设计的小型练习任务中的运球、投球、接球和击球中的操作技巧相结合（S1.E26.4）	通过将操作技能与运动相结合来实现某个目标（如在足球、曲棍球和篮球运动中得分）（S1.E26.5）
S1.E27 跳绳	用短绳进行单人跳绳；（S1.E27.Ka）在教师的帮助下跳长绳（S1.E27.Kb）	使用短绳连续向前或向后跳（S1.E27.1a）在教师的帮助下连续跳5次长绳（S1.E27.1b）	熟练地使用短绳连续向前或向后跳（S1.E27.2a）在同伴帮忙甩绳的情况下，连续跳5次长绳（S1.E27.2b）	用长绳和短绳掌握跳绳技能（如各种各样的技巧来跳入和跳出长绳）（S1.E27.3）	用短绳或长绳创建一套跳绳动作（S1.E27.4）	与同伴一起用短绳或长绳来创建成套的跳绳动作（S1.E27.5）

标准2：接受过身体素质教育的个人能够运用与运动和运动表现相关的概念、知识、原则和策略。

标准2 运动的概念	幼儿园	1年级	2年级	3年级	4年级	5年级
S2.E1 空间	区分自我空间和普通空间中的运动（S2.E1.Ka） 在自我空间中有节奏地运动（S2.E1.Kb）	在自我空间和普通空间中运动，对指定的节拍或节奏做出回应（S2.E1.1）	将普通空间中的运动技能与节奏相结合（S2.E1.2）	了解运动环境中的开放空间的概念（S2.E1.3）	将开放空间的概念运用于涉及运动（如行进中运球）的组合技能（S2.E1.4a） 在小型练习任务中运用封闭空间的概念（S2.E1.4b） 变换方向和速度，在普通空间中做带球运动（S2.E1.4c）	在小团体体操、舞蹈和游戏环境中，将空间概念与运动和非运动技能相结合（S2.E1.5）
S2.E2 路径、姿势、水平	在3种不同的路径中运动（S2.E2.K）	分别展示低、中、高水平的运动（S2.E2.1a） 展示与物体的各种关系（如通过、穿过、绕过、越过）的运动（S2.E2.1b）	将姿势、水平和路径结合运用到简单的运动、舞蹈和简单体操成套动作中[ii]（S2.E2.2）	了解各种体育活动的运动技能（S2.E2.3）	将运动概念与小型练习任务中的技能、体操和舞蹈相结合（S2.E2.4）	将运动概念和游戏环境中的小型练习任务、体操和自己编排的舞蹈相结合（S2.E2.5）

ii NASPE, 1992, *Outcomes of Quality Physical Education Programs* (Reston, VA: Author), p.11.

续表

标准2 运动的概念（续）	幼儿园	1年级	2年级	3年级	4年级	5年级
S2.E3 速度、方向、力量	在普通空间中以不同速度运动（S2.E3.K）	区分快速和慢速（S2.E3.1a）区分重和轻（S2.E3.1b）	通过逐渐提高和降低速度来改变时间和力量（S2.E3.2）	将运动概念（如方向、等级、力量、时间）与教师教导的技能相结合（S2.E3.3）	运用速度、耐力和节奏等运动概念进行跑步（S2.E3.4a）当用短柄器材击球时，运用方向和力量的概念将其击打至指定目标（S2.E3.4b）	将运动概念运用于游戏环境的策略（S2.E3.5a）将方向和力量的概念运用于用长柄器材击球（S2.E3.5b）分析运动情况，并在游戏环境、舞蹈和体操中的小型练习任务中运用运动概念（如力量、方向、速度、路径、伸展）（S2.E3.5c）
S2.E4 对称和肌肉紧张	此项教学适合进入3年级后进行	此项教学适合进入3年级后进行	此项教学适合进入3年级后进行	在体操和舞蹈中运用对称的概念（S2.E4.3a）在体操和舞蹈训练中，运用肌肉紧张的概念（S2.E4.3b）	运用技能	运用技能

续表

标准2 运动的概念（续）	幼儿园	1年级	2年级	3年级	4年级	5年级
S2.E5 策略和战术	此项教学适合进入3年级后进行	此项教学适合进入3年级后进行	此项教学适合进入3年级后进行	运用简单的策略进行追逐活动（S2.E5.3a） 运用简单的策略进行逃离活动（S2.E5.3b）	运用简单的进攻策略进行追逐和逃离活动（S2.E5.4a） 运用简单的防守策略进行追逐和逃离活动（S2.E5.4b） 了解不同游戏和运动环境中需要用到的踢腿类型（S2.E5.4c）	在小型入侵练习任务中运用基本的进攻和防守策略（S2.E5.5a） 在小型隔网或围墙练习任务中运用基本的进攻和防守策略（S2.E5.5b） 了解不同游戏或运动的情形下需要用到的投掷、截击或打击动作的类型（S2.E5.5c）

标准3: 接受过身体素质教育的个人能够展示出实现和保持体育活动的知识和技能。

标准3	幼儿园	1年级	2年级	3年级	4年级	5年级
体育运动知识						
S3.E1	了解体育教育课程外能积极运用体育技能的机会（S3.E1.K）	讨论保持积极运动和锻炼的好处（S3.E1.1）	描述可在体育教育课程外参与的大型运动或可进行的体育运动（如在放学前后、在家里、在公园里、和朋友在一起、和家人在一起进行的体育运动）（S3.E1.2）	列出可在体育教育课程外参加的体育活动的图表（S3.E1.3a）认识到参加体育活动的好处是让身体变得更健康（S3.E1.3b）	分析可以参加体育教育课程外的体育活动的机会（S3.E1.4）	为体育教育课程外的体育运动给体能带来的益处建立图表并进行分析（S3.E1.5）
参与体育运动						
S3.E2	积极参与体育教育课程（S3.E2.K）	积极参与体育教育课程（S3.E2.1）	积极参与体育教育课程，响应教师的指导并进行实践（S3.E2.2）	在没有教师推动的情况下，自发地参与体育教育课程（S3.E2.3）	不论是教师指导还是独立进行的体育课堂，都要积极参与活动（S3.E2.4）	积极参与体育教育课程的所有活动（S3.E2.5）

续表

标准3	幼儿园	1年级	2年级	3年级	4年级	5年级
体能知识						
S3.E3	认识到快速运动时，心跳和呼吸都会加快[iii]（S3.E3.K）	认识到心脏是一种会随着运动、游戏和体育活动的增加而变得更强壮的肌肉（S3.E3.1）	认识到抗阻训练可以增强力量（如将身板挺直、模仿动物走路）[iv]（S3.E3.2a）认识到体育运动对加强体能的益处（S3.E3.2b）	描述体能的相关概念，并举例说明体育活动能够促进身体健康（S3.E3.3）	识别与健康相关的体能要素[v]（S3.E3.4）	区分技能型体能与健康型体能[vi]（S3.E3.5）
S3.E4	此项教学适合进入3年级后进行	此项教学适合进入3年级后进行	此项教学适合进入3年级后进行	认识到在进行剧烈的体育活动时，热身和放松都很重要（S3.E4.3）	展示针对心肺健康评估的热身和放松（S3.E4.4）	确定不同的体育活动需要进行松热身和放松（S3.E4.5）

[iii] NASPE, 2012, *Instructional Framework for Fitness Education* (Reston, VA: Author), p.14.
[iv] NASPE, 2012, *Instructional Framework for Fitness Education* (Reston, VA: Author), p.6.
[v] NASPE, 2012, *Instructional Framework for Fitness Education* (Reston, VA: Author), p.16.
[vi] NASPE, 2012, *Instructional Framework for Fitness Education* (Reston, VA: Author), p.17.

续表

标准3	幼儿园	1年级	2年级	3年级	4年级	5年级
评估与体能计划						
S3.E5	此项教学适合进入3年级后进行（S3.E5.K）	此项教学适合进入3年级后进行	此项教学适合进入3年级后进行	在教师指导下，展示与健康相关的体能要素（S3.E5.3）	完成体能评估（S3.E5.4a） 根据个人评估结果确定需要调整的方面，并通过教师的协助来确定这些方面的发展策略（S3.E5.4b）	分析体能评估的结果，把结果与身体健康的身体成分进行比较（S3.E5.5a） 设计体能计划，通过体育运动来增强体能（S3.E5.5b）
S3.E6 营养学	认识到食物可以为体育运动提供能量（S3.E6.K）	了解健康食品和非健康食品的区别（S3.E6.1）	了解营养和体育运动中"良好的健康平衡"的概念（S3.E6.2）	了解进行体育活动前后可以食用的有益食物（S3.E6.3）	讨论水对于体育活动的重要性（S3.E6.4）	分析食物选择对体育运动、青少年运动和个人健康的影响（S3.E6.5）

标准4：接受过身体素质教育的个人能够展示出尊重自我和他人的负责任的个人和社会行为。

标准4	幼儿园	1年级	2年级	3年级	4年级	5年级
个人责任感						
S4.E1	遵守团体活动中的规范（如安全行为，遵循规则、轮流活动）（S4.E1.K）	通过恰当地利用器材和空间来担任个人责任（S4.E1.1）	即使没有教师的督促也要练习技能（S4.E1.2）	在教师组织的活动中展示个人的责任感（S4.E1.3）	在独立的集体活动中展示个人的责任感（S4.E1.4）	在参与体育活动的过程中表现出人际间（如同伴之间、学生与教师之间、学生与裁判之间）有责任感的行为（S4.E1.5）
S4.E2	在有提示的情况下，认识到要为自己的行为负责（S4.E2.K）	遵守学习环境的规则（S4.E2.1）	对行为和表演活动有关的班级协议负责（S4.E2.2）	长时间独立工作（S4.E2.3）	在体育活动中表现负责任的个人和社会行为（S4.E2.4）	在各种体育活动、环境和场所中，从事负责任的个人行为（S4.E2.5a）在参与体育活动时，通过正确的行为来展示自我尊重（S4.E2.5b）
接受反馈						
S4.E3	在有提示的情况下跟随教学和指导（S4.E3.K）	恰当地回应教师的反馈（S4.E3.1）	接受教师具体的纠正反馈（S4.E3.2）	接受和实践教师具体的纠正反馈（S4.E3.3）	虚心地听取他人（如同伴、成年人）的纠正反馈（S4.E3.4）	态度诚恳地对同伴做出纠正反馈（S4.E3.5）

续表

	幼儿园	1年级	2年级	3年级	4年级	5年级
标准4						
与他人协作						
S4.E4	与他人共享器材和活动空间（S4.E4.K）	在不同的课堂环境（如小组或大组）中与他人协作（S4.E4.1）	在协作环境中能独立工作（S4.E4.2）	与他人协作（S4.E4.3a） 对他人在活动中的表现给予赞扬（S4.E4.3b）	赞扬他人的运动技能，不管他们的熟练程度高低（S4.E4.4a） 接纳任何技能水平的学生参与体育活动（S4.E4.4b）	接受和认可积极参与体育活动和团体活动的各种技能水平的学生（S4.E4.5）
规则和礼仪						
S4.E5	了解既定的课堂活动礼仪（S4.E5.K）	展示既定的课堂活动礼仪（S4.E5.1）	在教师设计的体育活动中认识到规则和礼仪的作用（S4.E5.2）	在与同伴一起参与的体育活动中认识到规则和礼仪的作用（S4.E5.3）	在各种体育活动中展现礼仪并遵守规则（S4.E5.4）	参与并评估各种游戏活动规则中的礼仪（S4.E5.5）
安全性						
S4.E6	遵循教师指导安全地参与活动以及在提醒极少的情况下正确使用器材（S4.E6.K）	正确使用器材，遵循教师的指导安全地参与活动（S4.E6.1）	安全独立地参与体育活动（S4.E6.2a） 安全地使用体育教学器材（S4.E6.2b）	在体育活动中，安全独立地完成活动（S4.E6.3）	在体育活动中，安全地与同伴协作使用器材（S4.E6.4）	在与年龄相适应的体育活动中遵循安全原则（S4.E6.5）

标准5：接受过身体素质教育的个人能够认识到体育活动对于健康、愉悦程度、挑战、自我表现和社交互动的价值。

标准5	幼儿园	1年级	2年级	3年级	4年级	5年级
健康						
S5.E1	认识到体育活动对促进身体健康至关重要（S5.E1.K）	认识到体育活动能打造健康的身体（S5.E1.1）	认识到"良好的健康平衡"的价值（S3.E6.2）	探讨体育活动和身体健康之间的关系（S5.E1.3）	体验参加体育活动的健康益处（S5.E1.4）	比较不同体育活动的健康益处（S5.E1.5）
挑战						
S5.E2	意识到一些体育活动具有挑战性和困难性（S5.E2.K）	认识到体育活动中的挑战可以带你走向成功（S5.E2.1）	对比不同体育活动带来的自信和挑战（S5.E2.2）	探讨学习一种新的体育活动时会面临的挑战（S5.E2.3）	对参加的具有挑战性和已掌握的体育活动按愉悦程度进行排名（S5.E2.4）	表达（书面作文、视觉艺术、创意舞蹈）参与最喜欢的体育活动感受到的愉悦程度或挑战难度（S5.E2.5）
自我表现和愉悦程度						
S5.E3	认识到体育活动令人愉快[vii]（S5.E3.Ka） 讨论与朋友一起玩耍的乐趣（S5.E3.Kb）	描述参与体育活动所产生的积极情绪（S5.E3.1a） 讨论个人享受体育活动的原因（S5.E3.1b）	确定可以提供自我表现机会的体育活动（如舞蹈、体操和游戏环境中的练习任务）（S5.E3.2）	说明喜爱某项体育活动的原因（S5.E3.3）	对参加的不同体育活动按愉悦程度进行排名（S5.E3.4）	分析不同体育活动带来的愉悦程度和挑战难度，确定产生积极或消极反应的原因（S5.E3.5）

vii NASPE, 2012, *Instructional Framework for Fitness Education* (Reston, VA: Author), p.19.

续表

标准5	幼儿园	1年级	2年级	3年级	4年级	5年级
自我表现和愉悦程度（续）						
S5.E4 社交互动	此项教学适合进入 3年级后进行	此项教学适合进入 3年级后进行	此项教学适合进入 3年级后进行	描述参与有其他人参加 的体育活动时所产生的 积极的社交互动 （S5.E4.3）	描述并比较在与伙伴协 作、小组或大组活动中 进行的积极社交互动 （S5.E4.4）	描述参与体育运动（如 休闲、青少年运动）所 获得的社交益处 （S5.E4.5）

术 语

间隔活动和大脑休息（activity breaks and brain breaks）：在学校每天的课堂间歇插入短暂的体育活动可以帮助学生集中注意力和保持健康，这也被称为"能量补给"或"瞬间休息"，这些活动建议在连续坐50分钟的课堂之间进行。

倡导（advocacy）：一套强大的以行动为基础的策略，人们通过这些策略能够参与影响自己和他人生活的决策过程。

美国学校健康协会（American School Health Association，ASHA）：一个致力于为儿童和青少年提供专业健康教育和支持的专业组织。

恰当的实践（appropriate practices）：可以使教师意识到学生的发展程度和运动能力各不相同，可以将著名的做法转化成一种教学模式，从而最大限度地促进所有学生的学习水平提高并增加学生成功的机会。

评估（assessment）：记录学生在某个阶段某一科目的技能或知识水平。

真实性评估（authentic assessment）：一种评估方式，学生被要求执行能展示其知识或技能应用的真实水平的任务。

逆向设计计划（backward design planning）：在选择教学方法和评估形式之前，通过设定目标来设计教育课程的方法。

欺凌（bullying）：施害者对被害者的身体或情感造成伤害的重复性事件。

《2004年儿童营养和WIC计划再授权法》（《Child Nutrition and WIC Reauthorization Act of 2004》）：将有关身体活动和营养食品的现行准则推广到学校的法律，它要求学区参加美国国家学校午餐计划并共同制定健康政策。

《共同核心州立标准》（《Common Core State Standards》）：关于英语语言艺术和数学的国家标准，为全国所有学生提供一致且明确的学业预期目标；英语语言艺术和数学是共同核心州立标准所选择的基本科目，因为这些科目中的技能是学生学习其他科目所需的基础技能。

全面的学校健康教育（Comprehensive School Realth Education，CSHE）：全面的学校健康教育是一个有规划的、循序渐进的健康教育课程，具有合适的范围和顺序，可以解决心理、情感、身体和社会层面的健康问题，并使学生成长为健康的、有创造力的人。

统整性学校卫生工作（Coordinated School Health，CSH）：共同努力，利用现有资源确保在校儿童和青少年的健康和安全。

核心学科（core academic subjects）：指数学、英语语言艺术、科学和社会学。

关键要素（critical elements）：运动技能的重要组成部分。

网络欺凌（cyberbullying）：一种利用网络实施的欺凌行为。

健康的决定因素（determinants of health）：影响人们健康状况的因素。

数字素养（digital literacy）：有效地使用、交流和解释数字技术和内容的能力。

进食障碍（eating disorders）：包括厌食症、

暴食症和贪食症在内的一类疾病。

行动（effort）：这个动态的概念定义了身体如何移动，即时间或速度（快速或缓慢）、力度（强劲或轻柔）、流畅（拘束或自由）。

精神虐待（emotional abuse）：一种虐待形式，其特征是使用威胁、侮辱性的言语和非言语行为给他人的精神或情绪造成困扰。

情感健康（emotional health）：涉及个人的感受和表达方式。

环境健康（environmental health）：包括预防或控制与人和环境之间相互作用相关的疾病和伤害。

外在奖励（extrinsic reward）：为取得成就而提供的外在的和有形的东西，如奖杯。

家庭作业（family homework）：父母和学生使用准确的健康信息来源才能完成的任务。

形成性评估（formative assessment）：在一个教学单元中对学生的学习情况进行评估，并向学生提供有关其进展情况的反馈。

年级等级（grade band）：在美国《国家健康教育标准》中，学生的期望会被写下来，到一组年级（等级）结束之前完成。等级会分成幼儿园至2年级和3年级至5年级。所以，期望值也会依据至2年级和5年级来记录。

年级—水平指标（Grade-Level Outcomes）：针对大多数学生达到K–12体育教育国家标准（SHAPE America, 2013）的具体发展预期。

健康（health）：身体、心理和社交健康的一种状态。

健康行为（health behavior）：人们做出的会影响健康状况的选择，可能包含消极或积极的行为。

健康信念模型（health belief model, HBM）：一种旨在通过关注人们的态度和信念来解释和预测健康行为的心理模型。

健康差异（health disparities）：社会弱势群体所经受的病痛压力、伤害、暴力或获得最佳健康的机会等方面的可预防差异。

健康教育（health education）：基于适当理论和研究的有规划的循序渐进的教学，为学生提供获得信息、技能和实践的机会，以帮助他们做出正确的健康决策。

健康人群（Healthy People）：一篇确认了美国人从预防感染性疾病到预防慢性疾病的转变，以及人类健康行为和生活方式对健康结果的重要性的文章中的一个词语。

《健康、无饥饿儿童法案（2010年）》（《Healthy, Hunger-Free Kids Act of 2010》）：一项将健康政策扩充至包括额外涉众的支持、公开更新学校营养服务新指南的法律。

不恰当的实践（inappropriate practices）：包括轻视、贬低或捉弄学生的游戏或活动，禁止学生参加以及让学生只能坐下来观看其他人参与其中的游戏和活动是不适合在学校开展的。

激励（incentive）：可激励某人做某事的任何事情，一种外在的奖励形式。

智力健康（intellectual health）：健康的一个要素，即一个人能够认识到自己的能力，能够应对生活的正常压力；可以有创造力地、富有成效地工作；能够为自己的社区做出贡献。

跨学科活动（interdisciplinary activities）：将至少一个体育教育标准与至少一个学术标准联系起来的活动。

内在奖励（intrinsic reward）：实现目标后获得的内在收益，如自豪感。

关键人物访谈（key informant interviews）：深入访问社区中对某一话题有深刻了解的关键人物。

学习方式（learning styles）：一种信息处理

的方式，是为了理解和记住新信息而发生的过程，是人们对社会、环境、情感和身体刺激等方面做出的反应。

让我们动起来！充满活力的学校（Let's Move! Active School, LMAS）：一个由学校参与者（教师、行政管理人员和家长）使用的综合计划，旨在创造一个活跃的学校环境。

生活技能（life skills）：一组社会心理能力和人际关系技能，有助于青少年做出决策、解决问题、发展批判性思维、有效沟通，以及以健康和富有成效的方式管理生活。

素质（literacy）：一个用于表示有关基础知识、理解、阅读和写作应用等能力的通用术语。

运动和转移技能（locomotor/transport skills）：将身体从一个地方移动到另一个地方的技能，包括步行、慢跑、快跑、单脚跳、双脚跳、跳跃、滑动、跨越、追逐、逃离和躲避。

强制报告人（mandated reporters）：因法律规定上报涉嫌虐待或忽视儿童案件的人。

操作技能（manipulative skills）：主要涉及使用手或脚（也可以使用其他身体部位）的技能，包括投掷、接球、踢球、划船、运球、截球和击球。

最低期望（minimal student expectations）：学生在学年结束前应该达到的期望标准，加上"最低"两个字表示教师必须教授某些内容以让学生符合这些标准，也可以为这些学生增加其他期望。

美国《国家健康教育标准》（《National Health Education Standards，NHES》）：建立、促进和支持从幼儿园至12年级学生的健康行为的书面指示，为健康教育提供了标准化的框架和预期。

全国学校午餐计划（National School Lunch Program）：一个联邦基金计划，为符合资格的学生以免费或低价的方式提供营养餐。

《K-12体育教育国家标准》（National Standards for K-12 Physical Education）：美国健康与体育教育学会建立的一套标准化指标，旨在为中小学生提供与终身体育活动相关的知识、技能和信心。

忽视（neglect）：监护人未能满足儿童成长和相关的需求。

非运动和非操作技能（nonlocomotor/nonmanipulative skills）：动作中不出现从一个地方移动到另一个地方以及只使用手的技能，包括扭转、原地转动、倾斜、伸展、卷曲、弯曲、摆动、平衡和身体重心转移。

非自杀式自我伤害（NSSI）行为［nonsuicidal self-injury（NSSI）behavior］：所有有意为之的伤害身体的行为。

身体虐待（physical abuse）：无论目的如何，所有会对儿童造成绝对的身体伤害的行为。

体育活动（physical activity）：任何可以导致能量消耗的身体运动。

体育教育（physical education）：提供有计划的、循序渐进的、基于K-12标准的课程和教学计划的学术课程，旨在培养学生的运动技能、知识、健康行为、积极生活的态度、良好的运动行为、自我效能感和情商。

物理环境（physical environment）：影响学生健康和学业成就的学校环境因素，包括安全性、保卫措施、审美、照明、空气质量、清洁、噪声和拥挤程度。

身体健康（physical health）：健康最明显的层面，它受多种可变因素的影响，如遗传基因结构，是否接触传染性病原体，是否享受医疗保健，与个人健康相关的行为，如抽烟、身体素质和营养习惯。

身体素质（physical literacy）：能够在多种

有利于人体健康发展的环境中进行各种体育活动的能力和信心。

接受过身体素质教育的个人（physically literate person）：已经学会了参加各种体育活动所必需的技能的人，他们知道参与各种体育活动的意义和好处，会定期参与体育活动，并且身体非常健康，重视体育活动及健康的生活方式。

作业集（portfolio）：学生通过一个单元的学习取得的进步的作业的汇集。

关系（relationship）：这种运动概念按照与人和身体相关的类别来定义，涉及运动与身体的关系（弯曲、狭窄、宽体、蜷曲、对称或不对称）；运动与物体等的关系（上或下、开或关、近或远、顺沿或转折、前或后、集会或分开、周围、左右或旁边）；运动与人的关系（领先或跟随、对面或背靠背、同步或相对、独自、搭档、团队之间、团队和团队中的一人）。

量规（rubric）：根据预期标准清晰简洁地定义预期任务的评分标准。

支架式教学（scaffolding）：教师会提供、建模、实践和应用新的健康内容信息的教学实践。

学校自动售货机（school vending sales）：学校自动售货机的收入用于补充现有的计划或服务，其销售的食品和饮料传统上是不健康的。

校园暴力（school violence）：发生在学校及相关范围内的暴力行为。

学校健康政策（school wellness policies）：有助于建立健康的学校环境的条例，要求所有学区都参加美国联邦学生营养计划。

自我效能感（self-efficacy）：一个人对自己完成任务和达成目标的能力的信任程度。

性虐待（sexual abuse）：对儿童实施的所有性行为。

美国健康与体育教育者学会（SHAPE America-Society of Health and Physical Educators）：一个致力于加强与健康教育、体育教育、体育运动、舞蹈、和运动相关的专业实践和研究的组织。

学校监管下的健康小吃（Smart Snacks in School regulations）：在校期间向校内学生销售的零食和饮料，这些小吃需达到美国农业部制定的一些基于科学的国家标准。

社区氛围和情绪气氛（social and emotional climate）：一些影响学生和教职工的幸福感并影响学生的健康和学习成绩的身体、情感和社会条件，包括集体观念、价值观、行为习惯、期望等。

社会认知理论（social cognitive theory, SCT）：一种侧重于学习发生在社会环境中的观念的理论，认为诸多学习内容都是通过观察获得的。

社会健康（social health）：在与他人保持健康关系的同时具有驾驭社会环境的能力。

空间意识（space awareness）：这个运动概念类别定义为身体可以移动的方位，空间可以使用以下术语解释，如方向（前或后、左或右、上或下、顺时针或逆时针）；水平（低、中、高）；路径（直、弯曲、锯齿形）和扩展（小或大、远或近）。

精神健康（spiritual health）：一种健康要素，即一个人可以以一种能够实现自己全部潜力，找到生活的意义和目的，并体验幸福的方式处理日常生活。

标准预防措施（standard precautions）：旨在预防在血液或其他体液中发现的传染源的传播而制定的健康指南，也称作通用综合预防措施。

主观规范（subjective norms）：对执行或不执行某个特定健康行为的社会压力的感知。

总结性评估（summative assessment）：在教学单元、学期或学年结束时对学习、技能获取和学业成绩进行评估的方法。

计划行为理论（theory of planned behavior）：用于预测一个人对某种行为的态度如何影响其参与该行为的意图的理论。

行为转变的跨理论模型（transtheoretical model of behavior change）：对个人对改变某个特定行为的意愿进行分类的模型。

美国饮食指南（U.S. Dietary Guidelines for Americans）：一系列可以帮助美国人做出健康饮食选择的建议，用于帮助制定营养政策和计划。

健康政策（wellness policies）：由学校制定的书面指导，为所有参加美国全国学校午餐计划的学区提供健康的饮食和体育活动。

全学校、全社会、全儿童（WSCC）模式 [Whole School, Whole Community, Whole Child（WSCC）model]：建立在统整性学校卫生工作模型之上，为保护和促进学生、教职工的健康提供了框架。

汽车观察之旅（windshield tour）：通过在社区开车观察的方法，记录关于学校、社区和自然环境的重要情况。

雷塔·R.埃文斯（Retta R. Evans）是亚拉巴马大学伯明翰分校的副教授，也是一位经过认证的健康教育专家。

埃文斯博士已经花费了超过16年的时间教授和指导有志于从事健康教育的本科生和研究生。在此期间，她还努力改进学校的健康课程并制定健康计划。她协同亚拉巴马州教育部门，改进了该州的健康教育课程，她还是与学校系统合作的以在整个亚拉巴马州实施全面的体育活动计划的团队成员。埃文斯博士获得了亚拉巴马州健康、体育、休闲和舞蹈协会颁发的年度健康教育工作者奖，以及南区健康、体育、休闲和舞蹈协会颁发的年度大学健康教育专业奖。埃文斯博士是美国国立卫生研究院资助的专门研究课堂体育活动对小学生认知表现的影响的首席研究员。

桑德拉·K.西姆斯（Sandra K. Sims）是亚拉巴马大学伯明翰分校的副教授，在公立学校任教20多年。自2005年起，她开始讲授关于体育教学以及小学教师如何将体育教育和健康教育融入课堂。除了连续两年被美国健康与体育教育者学会指定为亚拉巴马州和南区年度最佳体育教师之外，西姆斯还被选为亚拉巴马大学伯明翰分校、当地教育系统、州以及地区的年度优秀教师。